ダークサイド
オブ
MBA
コンセプト

グロービス＝著
嶋田毅＝執筆

東洋経済新報社

はじめに

　筆者は長くビジネススクールや企業研修などを通じた社会人向けの経営教育、あるいはビジネス書の出版などに携わってきました。その目的はもちろん、より多くの方が経営の知恵──ビジネスフレームワークやツール、思考法など──を学び、それをビジネスに活用して活躍されること、ひいては日本企業の競争力が上がり、より良い社会が実現することです。

　そして実際に多くの人が、書籍やビジネススクール、あるいはオンラインの教材などを使ってビジネスを勉強されています。経営学やビジネスで役に立つ論理的思考などを、OJTや見よう見真似だけではなく、腰を据えてしっかり勉強しようという人は、筆者が経営教育に携わり始めた1990年代に比べても明らかに増えてきたと実感しています。これは「MBA教育」の民主化に取り組んできた我々にとっても嬉しい話であり、社会的にも非常に好ましいことと言えるでしょう。

　一方で課題もあります。ビジネススクールで学ぶようなフレームワークやツール等は、往々にして両刃の剣になりやすく、生半可に用いると怪我をしやすいのです。

　薬も、正しく使えば本当に薬となって体を守るのに、使用方法を間違えれば副作用の方が過剰に出て毒にもなるように、ビジネスの知恵も、使い方を誤ると、効果が出ないばかりか、

かえって個人や組織に悪い影響を与えてしまうということです。

　実際、多くの人と話をしていると、本来効果的なはずのツール等があまり機能していないという話をよく聞きます。その理由を確認すると、使い方を間違えているか、潜在的に存在する「副作用」の可能性を知らなかった、あるいは知っていても軽んじてしまって対策をとらなかったというケースが非常に多くなっています。つまり、本来は薬になるはずのものを毒として用いてしまっているわけです。

　本書はこうした問題意識の下、ビジネスの知恵をより正しく使っていただくことを目的として執筆しました。「ダークサイド」という言葉はそのまま訳すと「暗黒面」ですが、本書では、「出てしまいがちな副作用」「誤った使い方をしたときの弊害」「陥りがちな罠」「悪用しようとする人のアプローチ」などを含意しています。

　紙面には限りがありますので、すべてのビジネスフレームワークやツールを取り上げることはできませんが、その中でも多くの人がそうした側面を忘れたり知らないがゆえに痛い目にあいがちなものを取り上げ、その正しい使い方や留意点をまとめました。

　これらは、自分自身が良い結果を出す上で知っておくことはもちろん、他人が悪意をもって使ってくるのを防ぐ上でも重要です。

なお、一部の項目については、まさに悪用しようという誘惑に駆られる方もいるかもしれませんが、それはお勧めしません。ビジネスは最後は信頼がものを言います。短期の結果を求めて、長期の信頼を傷つけることは、結局は誰のためにもならないという点には留意してください。

本書はやや「変化球的」な角度からビジネスフレームワーク等を解説した書籍となりますが、これをきっかけにさらにビジネスを本格的に学びたい方は、本書で指摘したような「裏の側面」も意識しつつ、ビジネススクール等で経営を学ばれるとよいでしょう。

なお、内容的には中級レベルですので、初学者の方にはときどき馴染みの薄い用語などが出てくる個所もあると思いますが、そうした方もぜひ適宜調べたりすることでチャレンジしながら読まれると、確実に実力は上がると思います。

「コインの表側だけを手に入れることはできない」という言い習わしがあります。しかし、表を大きく、裏を小さくすることは工夫次第で可能です。多くの人がそれを実行できれば、ビジネスの生産性は確実に上がっていくはずです。

本書が、多くの方にとって新しい発見をもたらし、ビジネスパーソンとしての力を高めるきっかけになれば幸甚です。

嶋田毅

Contents

はじめに........1

Chapter 1

論理思考の
ダークサイド

01 **ロジカル・シンキング**........12
論理で人が動くと勘違いすると反発を招くことも……

02 **問題解決**........16
「あるべき姿」が適切でないと徒労に終わることも

03 **分析**........22
新しい発見が得られる一方で
生産性の低下を招くことも

04 **MECE**........26
ほどほどの切り口で満足すると
成果もほどほどになる……

05 **ファクト／エビデンス**........30
「事実ではない」「役に立たない」事実に
振り回されない

06 **質問**........34
相手にとって都合のいい情報をうまく取られることも

07 **平均値**........40
客観的な数字だが意図的にミスリードする人も

08 **ランキング** ……46
容易に作成者の都合に合わせて
順位を操作できる一覧表

09 **Win-Win** ……52
両者がWinでも第三者がLoseなら
問題が生じることも

Chapter2

戦略・マーケティングの ダークサイド

10 **ビジョン** ……58
実現性や共感度を無視すると遠からず破綻する

11 **業界定義** ……62
ビジネスチャンスにつながることも、
自縄自縛に陥ることも

12 **SWOT分析** ……66
客観的な分析のようで
実施者の意図の介在余地が大きい

13 **規模の経済性** ……72
一見単純な経済原理だが
現実には思ったほど効果がない

14 **バリューチェーン分析** ……78
鎖の輪だけに執着すると鎖の弱体化を招く

15 **ケイパビリティ／
コアコンピタンス** ……82
強みは、いつでもどこでも
強さを発揮できるわけではない

16 差別化 ……86
「違い」は必要条件であっても十分条件ではない

17 多角化 ……90
成長の加速やリスク分散の利点を
享受するには条件がある

18 シナジー ……96
効きそうで効かない「範囲の経済性」の正体とは

19 選択と集中 ……102
正しく行えないと
「成功の復讐」などの機能不全を招く

20 買収 ……106
時間を買うのは簡単ではない

21 ニーズ ……110
顧客の要望に応えることが
企業を窮地に追い込むことに

22 顧客満足 ……114
高い値を示しても
実態を反映していないことがしばしば

23 ポジショニング ……118
企業の思惑と顧客の認識は必ずしも一致しない

24 ブランド ……122
期待値だけ高まり実態が伴わないと
マイナス効果が働く

25 フランチャイズ方式 ……126
Win-Winのビジネスモデルに潜むリスクとデメリット

26 ウェブマーケティング ……130
今後必須の取り組みだが、
うまくできている会社は少ない

27 ビッグデータ ……134
強力な全数データとAIによる
分析の意外な盲点とは?

Chapter 3

アカウンティング・
ファイナンスの
ダークサイド

28 借金 ……140
経営において「無借金経営」は
ほめられる状態ではない?

29 会計方針 ……146
財務諸表の数字は不変の事実ではなく、
一定の操作が可能

30 国際財務報告基準(IFRS) ……150
グローバル企業への入場券だが
導入には大きな負担が伴う

31 変動費 ……154
固定費の変動費化は実はハイリスクな側面も

32 限界利益率 ……158
利益率が高い商品を作ることが正解とは限らない?

33 ABC(活動基準原価計算) ……162
実態に即してコストを把握できる
理想の計算方法の盲点

34 プロフィットセンター ……… 166
利益責任を負わせることに潜む落とし穴とは

35 リスク ……… 170
ダウンサイドだけに目を向けると足をすくわれる

36 キャッシュフロー ……… 174
改善しても資金繰りが苦しくなるその訳とは?

37 リアルオプション ……… 178
将来の不確実性を織り込む評価手法に
人の意思が紛れ込む

Chapter4

組織・リーダーシップの
ダークサイド

38 管理(マネジメント) ……… 184
生産性を上げるも下げるも上司のスキル次第

39 KPI ……… 188
特定の指標を過度に意識すると
全体のバランスが崩れる

40 MBO(目標管理) ……… 192
「経営学の父」が提唱した手法が士気低下を招く?

41 生産性向上 ……… 196
「効率化」と同一視すると手痛いしっぺ返しを食らう

42 GIVE & TAKE ……… 200
交渉を有利に進めることも悪用することもできる
人間心理

43 モチベーション ……204
「やりがい搾取」はこうして仕組まれる

44 リーダーシップ ……208
「先頭に立ち皆を引っ張る」だけが
リーダーではない

45 事業部制 ……212
本来なら効率性が上がる組織構造だが
不正の温床にもなる

46 コーポレイト部門 ……216
「強い本社機能」は往々にして「官僚化」が進む

47 昇進・昇格 ……220
悪用すれば特定の社員を辞職に追い込むことも
可能な制度

48 成果主義 ……224
年功型報奨に取って代わる新制度に
透けて見える側面とは

49 ダイバーシティ ……228
アリバイ作りの導入では競争力は高まらない

50 キャリアアップ ……232
給与やポジションだけを見ていると大切な物を失う

Chapter5

創造・変革の
ダークサイド

51 リーンスタートアップ／ピボット ……238
常に「スピードが速いことが善」とはいえない

52 プラットフォーム ……242
GAFAに代表される成功モデルだが
構築は至難の業

53 オープンイノベーション ……246
安易な導入は自社の開発力を削ぎ
ノウハウを流出させる

54 成功体験 ……250
組織学習が暴走すると硬直化を招く

55 株式公開（IPO） ……254
ゴールとするか、
さらなる成長へのマイルストーンとするか

キーワード一覧 ……259

参考文献 ……262

論理思考の
ダークサイド

Chapter

1

Chapter1 論理思考のダークサイド

Logical Thinking

Case

01

論理で人が動くと勘違いすると
反発を招くことも……

ロジカル・シンキング

筋道だった考え方。「私はこう考える、なぜなら……」といったように主張と
根拠を明確にすることを特に重視する。「頭の良い人」が得意な思考法

失敗例

仕事が忙しくて、なかなか家事を手伝えない。そこで妻に、自分が家事を手伝
えない理由を根拠をあげて説明したのだが、かえって機嫌を損ねてしまった。
何が悪かったのか……

　　ロジカル・シンキング（論理思考）のメリットは何でしょ
うか。さまざまなものが考えられますが、典型的には以下の
ようになるでしょう。

・主張の妥当性や説得力が上がる
・自分の意見に他者が同意するか否かは別としても、自分がど
　のように考えたのかの筋道が他者にもわかりやすい
・ロジックは数字と同様、全世界で共通である
・当てずっぽうではないので問題解決のスピードが上がる

これらができればビジネスの生産性は通常は上がりますから、多くのビジネスパーソンがロジカル・シンキングをマスターしようとするのも当然ではあります。しかしそこには落とし穴もあります。ここでは、典型的なものを３つ紹介しましょう。

第一に「**ロジック馬鹿**」になってしまうということがあります。「ロジック馬鹿」とは、ロジックさえ正しければ人は納得してくれるはずだという思い込みが強すぎる人のことを指します。絶対数として多いわけではありませんが、一定比率は存在します。

ビジネスは自分だけでは完結しませんから、他人を巻き込むことが絶対に必要になります。言い換えれば、自分が望むように他人に動いてもらうということです。

ではロジックだけで人が動くかと言えばそんなことはありません。ダニエル・カーネマンの『ファスト＆スロー』などでも示されたように、多くの人はまずは直感や気分で物事を判断し、その後にロジカルな裏付けをつけようとするものです。つまり、**人間はロジックのみで動くのではなく、むしろ感情などに大きく左右される**のです。

特にロジックがむしろマイナスになってしまうのは、相手が機嫌を損ねているときに正論をロジカルに説明した時です。たとえば部下が落ち込んでいるときに「君は努力が足りないとしか思えない。第一の理由は□□□□□、第二の理由は○○○○○、第三の理由は△△△△△……」などと言っても相手の反感を買うだけで、望むようには動いてくれないでしょう。

あるいは遅刻をしたのに、いきなり「私は悪くない。なぜなら……」とロジカルに説明すれば、相手の怒りにさらに火を注ぎかねません。ロジカルであることは人を動かす要素の一部にすぎないという意識を持たないと、**正論は吐くけれど人を動かせない人間**になってしまうのです。なお、こうしたタイプは往々にして人を見下し「上から目線」になりがちなので、それも人望の薄さに拍車をかける傾向があります。

　第二の問題として、しばしばクリエイティブ・シンキングが弱くなるという副作用もあります。クリエイティブ・シンキングとは、枠組みや既存の常識にとらわれず、自由な発想を行い、アイデアを出していこうとする思考法のことです。

　本来、ロジカル・シンキングも正しく伸ばしていけばむしろクリエイティビティを上げることにつながります。たとえば問題解決をする際に、「これは本当に全体を見ているのか？」という問い掛けが正しくできれば、見落としなども減り、効果的な打ち手にもつながりやすくなるからです。

　一方で、クリエイティビティは俗に言う「右脳」を使う必要性が高いものです。それに対してロジカル・シンキングはいわゆる「左脳」的な発想です。発散や頭の柔らかさ重視がクリエイティブ・シンキングのエッセンス、収束やきっちり詰めることがロジカル・シンキングのエッセンスともいえます。理解すること自体は簡単ですが、限られた時間の中でこの２つを同じ人間がバランスよく伸ばしていくことは必ずしも容易ではありません。結果として、ロジカル・シンキングにエネルギーやマインドシェアを投下しすぎることは、

往々にしてクリエイティビティを削いでしまうことになるのです。

その典型的な結末は、提案そのものの納得感は高いものの、今ひとつ新しさがなく、ありきたりなものになってしまう、などです。これだけ競争の激しい時代には、たとえば新商品開発などの分野では、自分たちがすぐに思いつくようなものは、ライバルも容易に思いつくものです。そうしたありきたりの新製品を「この商品を出すべきです。なぜなら……」とロジカルに説明できても、競合とは大差がつかないということです。

第三にロジカルであることが自己目的化してしまうという点があります。「ロジカルな人ですね」と言われて悪い気がする人は少ないでしょう。ただ、ロジカルであることが最終目的かと言えばそんなことはありません。ロジカル・シンキングもビジネスにおいてはしょせんツールなのです。

そのツールに振り回され過ぎて、他者の「ロジカルの度合いが弱いこと」を一切許容しないと、非常に偏屈な理屈屋さんになってしまうのです。

HINT

ダークサイドに墜ちないためのヒント

①そもそもの目的に適う行動をとっているか、ビジネスパーソンとしての生産性を削いでいないかを常に自問する

②ありきたりではない創造的なアイデアを出せているかを他者にチェックしてもらう

Chapter1 論理思考のダークサイド

Problem Solving

Case

02

「あるべき姿」が適切でないと
徒労に終わることも

問題解決

「あるべき姿」と現状のギャップを把握し、そのギャップを埋める施策を考え、
実行すること。ビジネスのあらゆる行為は問題解決の要素を含むため、ビジネ
スにおける最も重要な活動ともいえる

失敗例

かつてアメリカは、宇宙船の中で書けるボールペンを開発するのに数百万ドルを
費やし、結局失敗してしまった。

　　問題解決は、狭い意味ではトラブルのある状態を元の状態
に戻すことを指しますが、広義には**「あるべき姿」と現状の
ギャップを埋める作業全体**を指します。

　　たとえばサッカーの日本代表がワールドカップでベスト8
に入るという目標を設定したとします。現状それを下回って
いるなら、ベスト8に入るべく問題点を洗い出し、それを
つぶしこんでいく方策を考えます。一人ひとりの個人スキル
が低いのであればそれを補うようなトレーニング方法を考え
実施したり、場合によっては海外の有望若手選手を帰化させ
るなどの手段を取ります。

図01 | あるべき姿を正しく描く

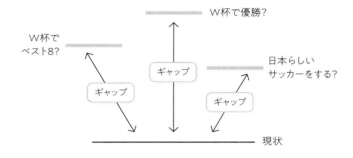

 この例に限らず、難しい問題解決になればなるほど1つの施策でその問題が解決することはなくなっていきます。原因が多岐にわたり、それらを効果的につぶしこんでいく必要があるからです。

 さて、このように大事な問題解決ですが一番多い失敗原因は何だと思われますか？ 筆者の経験で言えば、それは「あるべき姿」を正しく描けないというものです。

 先述のサッカーのケースであれば、あるべき姿の設定いかんによって、その解決策は全く変わってきます。

 冒頭に示したボールペン開発の話は、実際にアポロ計画の際に行われたといわれるものです。当時は米ソ冷戦時代ですから、アメリカは国家の威信をかけてさまざまな技術開発を行おうとしたわけです。しかし「月に人間を送りこむ」という大事業を実現した当時の技術をもってしても、無重力状態

で書けるボールペンは作れませんでした。ボールペンは重力でインクが下方、すなわち普通に持てばペン先にいくことで書けるようになるわけですが、あの狭いペンの空間の中で、無重力の状況でペン先にインクが集まる状況を作るのは非常に困難だったのです。

　ここまで読んで、「なぜボールペンにこだわったの？」と感じられた方も多いでしょう。日本人なら、そもそもボールペンを使わずとも鉛筆で書けばいいじゃないかとすぐに思いつくからです（実際、ソ連もその方法をとりました）。これは言われれば当たり前のことではあるのですが、ボールペンで仕事をする文化に馴染んだ人間には、まずボールペンありきの発想になってしまうのです。

　これを「あるべき姿」の設定という見方から解説すると、当初のアメリカの設定したあるべき姿はまさに「無重力でも書けるボールペンというイノベーティブなものを開発する」というものでした。一方、ライバルのソ連は「無重力でも簡単に書ける」という状態を提供することとしたわけです。こうなれば、鉛筆（あるいはクレヨンのようなものでも構いません）という解決策はすぐに出てきたはずです。それだけ「あるべき姿」の設定次第で問題解決の効率や費用対効果は大きく変わってしまうわけです。

　もう１つ別の例に、あるトランプ会社の市場変更があります。いまやゲームなどに押されて国内のトランプ市場は右

肩下がりになっています。これを V 字回復させるのは容易ではありません。そこでそのトランプメーカーは、あるべき姿を「トランプの国内市場を復活させ、そこでシェアを上げる」ではなく、「世界レベルで自社の強みが生きる市場でシェアを維持する」と変更しました。

　具体的に狙ったのは海外のカジノ市場です。カジノ（特に高級カジノ）は、イカサマや目立ちやすい傷がつくこと等を避けるため、1 ゲームごとに新しいトランプの封を切り、使用済のものは捨てるという慣習があります。カジノという非常に狭い地域ではあるのですが、需要量は一定量ありますし、顧客の求める品質レベルも高く、それゆえに高価格も実現できます。BtoB のビジネスになりますから、いったん信頼関係を構築できれば、売上も堅く見込めます。こうして海外カジノの重要市場でシェアを獲得していった結果、国内のトランプ市場の売上減を補って余りある市場獲得を実現していったのです。

　人間はどうしてもあるべき姿を単純に、あるいは低いレベル感のところで考える癖があります。特に、すぐに頭に浮かんだあるべき姿は往々にして適切ではないこともあるのです。

　なお、今回はあるべき姿の例に絞りましたが、他にも問題解決が効果的に行われないケースは多々あります。

・ 問題が起こっていることに気がつかない
・ 問題があるとは気がついているが、その解決に向けて何ら手

を打っていない

・ 問題の本質を見誤って、的外れな解決策をとってしまっている

・ 解決策は作ったものの、具体的な実行プランに落とされていないので結局何も起こらない

・ すばらしい解決策はでき、やる気もあるが、実行能力が伴わない

・ 解決策を実行したが手遅れだった　等々

　これらはどれもよく起こるケースですが、その中でも比較的多いのは、３つ目の「問題の本質を見誤って、的外れな解決策をとってしまっている」かもしれません。たとえば仕事のやりがいが感じられずに従業員満足度が低いことが業績低迷の原因なのに、具体的方策もなく営業担当者に過大なノルマを与え、「何とか工夫して達成するように」などと発破をかけても、問題が解決されるどころか、かえって状況の悪化を招いてしまうでしょう。

　問題解決はビジネスの中でも落とし穴だらけの営みなのです。

HINT

ダークサイドに墜ちないためのヒント

①独りよがりではなく、皆と相談しながらあるべき姿を構想する

②時には外部の人間を交えて自分たちが本来不要な「暗黙の前提」に縛られていないか確認する

Chapter1 論理思考のダークサイド

Analysis

Case

03

新しい発見が得られる一方で
生産性の低下を招くことも

分析

複雑な物事を細分化したりその関係性を見ることで、ポイントをつかんだり、
とるべきアクションのヒントにすること。やればやるほど実態に近づける、実
態を把握するための活動

失敗例

クライアントからの要望に基づき、詳細な分析をすべきと上司に提案したが「時
間の無駄」と却下された。なぜ上司はわかってくれないのか。丁寧に分析を
すればいろいろな事実が明らかになると思うのだが……

　分析という作業は、何かを行う際に適切に行えば多くのヒ
ントをもたらしてくれる非常に大切な行為です。たとえばあ
る事業において海外進出すべきか否かを判断する場合、現地
の市場性を調べたり、競合がいるかどうか、チャネルが存在
するかどうかなどを調べ、場合によっては気になるポイント
をさらに深掘りして調べるのは常識でしょう。

　また、外部の経営環境だけではなく、自社の内部にある強
みがそのまま生きるか、十分な人材や資金は確保できそうか
といったことを精査するのも当然大事です。これを適切に行
えば、事業が成功する可能性は高まります。慎重を期すなら、

いくつかのケースについてシナリオを作り、何かあった時の
リスクに備える分析を行うのも有効です。

　さて、分析にはこうした効用がある一方で、典型的に陥り
がちな落とし穴もあります。その代表として、分析の目標が
定まっておらず、意図しない方向に分析が行ってしまう、あ
るいは、「分析のための分析」になってしまい、時間をかけ
ている割には大したアウトプットが出てこない、などがあり
ます。今回はこの２つについてご紹介しましょう。

　まず、分析の目標が定まっておらず、意図しない方向に分
析が行ってしまうという事態がよく起きるのは、他者（通常
は上司や先輩など）から「これちょっと分析お願い」などと
指示を受けるシーンです。

　たとえばあなたは銀行の企画部に勤めているものとしま
す。そこで上司に「日本のベンチャーキャピタル業界につい
て調べてほしい」と指示されたらどんな分析をするでしょう
か？　本来は上司の意図をしっかり確認してから分析に入る
のが筋なのですが、慣れない人は往々にして勝手に相手の依
頼を理解したつもりになり分析を始めてしまいます。

　たとえば「自社でも関連企業でベンチャーキャピタル事業
を始めるのかな？」と考えた人は、主だったベンチャーキャ
ピタルの近年の業績を調べ、どのようなプレーヤーが良い
業績を上げているかを知ろうとするでしょう。人によっては、
いわゆるKSF（事業成功のカギ）を自分なりに考える人も
いるかもしれません。

一方で、ベンチャーキャピタルを広い意味での競合と考え、どのくらい彼らからビジネスを奪えるかが上司の知りたいことと考えた人であれば、低リスク（通常は成長後期＝レイターステージ）の投資の状況を調べるかもしれません。

　これらはいずれもその目的に照らせば「間違った分析」ではないのですが、仮に上司の意図と違っていたらせっかくの分析があまり意味を持たなくなります。

　それと並んでよく陥る罠は、２つ目の「**分析のための分析**」、あるいは**分析麻痺**です。分析というものはやればやるほど何らかの新しい発見があるものです。たとえば顧客アンケートを分析しようとします。マーケティングの領域には因子分析やクラスター分析、コンジョイント分析、重回帰分析など、その気になればできる分析は山のようにあります。しかも変数の選び方、組合せもその気になればもの凄い数になります。

　それらをやっていくと、いつの間にか分析が非常に面白いものに感じるようになってきます。新しい分析をすれば、とりあえず何かしらの新しい知見は得られるのですから。しかし、この「面白く感じるようになる」が実は罠なのです。

　パレートの法則という「上位の20％程度の項目数で全体の80％のボリュームを占める」という経験則があります。たとえば「上位20％の製品で売上げの８割を占める」「上位20％の原因で事故の80％を占める」などです。

　分析に費やしたエネルギーとアウトプットにもこの傾向は当てはまります。ある時点を超えると、確かに新しい知見は

図02 | パレートの法則

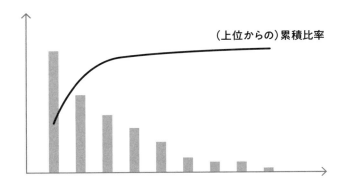

(上位からの)累積比率

手に入るのですが、そのために投入したエネルギーに見合わなくなり、投資対効果がどんどん落ちていくのです。これでは生産性も上がりません。

分析は手段であって目的ではありません。「このくらいのことがわかれば後は実践しながら進めればいい」というマインドを持ち、どんどん先に物事を進めるべきなのです。

HINT

ダークサイドに墜ちないためのヒント

①分析の目的を常に自問したり確認する

②分析によって得られる知見が本当にアクションにつながる、「意味のある知見なのか」を意識する。「現時点でここまで分かれば十分」という感覚を磨く

③部下に安易に「分析しておいて」などと言っていないか自問する

Chapter1 論理思考のダークサイド

Case

04

ほどほどの切り口で満足すると
成果もほどほどになる……

MECE

Mutually Exclusive, Collectively Exhaustive

お互いに重複がなく、全体として漏れがないことを指す。何かを分解するとき
の基本で、分析の基本的な考え方の1つ。なお、英語をそのまま訳せば「ダ
ブりなくモレなく」となるが、日本語では語呂の良さから「モレなくダブりなく」
と言われることが多い

失敗例

問題解決をするにあたって MECE の考え方を用いて原因を追求し、対策を
打ったのだが、期待したほどの効果は得られなかった。MECE の切り方自体
は悪くなかったはずで、上司も「それでよさそうだね」と言ってくれたのに……

　　　MECE による切り分けは、本来はさまざまな場面で効
果を発揮します。たとえばマーケティングにおける基本動
作であるセグメンテーションやターゲティングも、市場を
MECE で切り分け、適切な標的市場を選べば費用対効果は
高まります。問題解決でも、問題個所の発見や問題が生じて
いる原因の追求、あるいは対策の可能性検討などで MECE
を使うと、考え漏れがなくなったりして効果的な打ち手につ
ながるものです。

　　　ただし、全体集合を MECE で切る際、よくあるのは「そ

図03 部門で切り分け

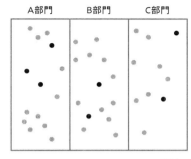

こそこ」の結果で満足してしまい、**より効果的な切り口を見逃してしまう**ということです。

　たとえばある企業でメンタル不調が増えているとします。多くの会社では、どのような属性の人間にその傾向が高いかを突き止めようとするでしょう。図3はそれを部門で分解した例を模式的に示したものです。

　この結果からは、部門ごとに大きな差はないだろうということがすぐにわかります。そこで担当者は別の切り口で分解してみました。それが図4です。メンタル不調者の分布そのものは変わっていないことに注意してください。

　この切り口で分解したところ、中堅の35歳から49歳までのセグメントにおいて、明らかに他のセグメントに比べてメンタル不調者が多い傾向が読みとれます。「やはり中間管理職も多いしプライベートでもいろいろある年代だしな。こ

図04 年代で切り分け

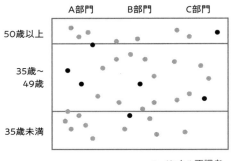

の世代に適したアクション、たとえば研修やカウンセリングをするか」などと考える人も多いかもしれません。

　それはそれで悪くはなさそうですが、本当にここで分析を止めてしまっていいでしょうか？　図３や図４は模式的に可視化されているので比較的すぐに別の切り口がありそうと気が付きますが、実際のデータは最初からこのような可視化はされていません。
　本来は、別の切り口でもいろいろと試行錯誤しながらブレークダウンし、問題解決に対して最も「感度の良い」切り口を探す必要があるのです。今回の例でいえば、たとえば図５の切り口で切った方が、より問題解決の効果が高そうです。

　おそらくこの会社は、既婚の女性には働きにくい職場だという仮説が導けそうです。であれば、効果的な打ち手も当然

図05 婚姻関係+性別で切り分け

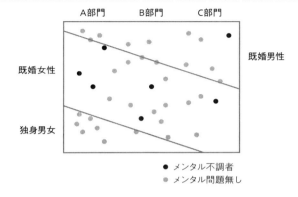

変わってきます。

　MECEというと往々にしてモレの無さやダブリの無さといったテクニカルな部分に意識を向ける人がいるのですが、MECEもやはり結果に結びつくことが最重要なのです。

HINT

ダークサイドに墜ちないためのヒント

①本来の目的に適った切り口を正しく選べているかを確認する
②最初に思いついた「ほどほどの切り口」で満足していないか、他にもっと感度が良さそうな切り口がないかを自問し確認する
③数多くのレファレンス（参考事例）を持っておく

Chapter1 論理思考のダークサイド

Case

05

「事実ではない」「役に立たない」事実に
振り回されない

Fact/Evidence

ファクト／エビデンス

ファクトは事実のこと。エビデンスは証拠のことで、特に再現可能な根拠を指すことが多い。例：「過去の論文によれば、人間は同じ金額の場合、与えられる嬉しさよりも失くす痛みをより強く感じる」。これらが全くないと何も判断できない

失敗例

「施策はエビデンスベースで」が口癖の先輩Aさんからもらった情報に基づき施策を講じたのだがうまくいかなかった。自分でも確認したのだが、情報そのものは事実のはずなのに……

　企業における意思決定は、もちろん経営者やリーダーの直感やセンスで決められる部分もありますが、基本は事実、根拠に基づいて行われるべきものです。たとえば、新規事業を始めようとする際に、「なんとなくやろう」では説得力が弱すぎます。

　たとえば根拠として「市場はまだ伸びるというのが業界のコンセンサス。技術や営業力といった自社の強みも十分に活かせるし、言語の問題から海外の強い競合が入ってきにくい。国内のライバルは自社に比べると小粒の企業が多い」という事実があれば、賛同も得やすいでしょう。

この時、根拠はなるべく事実、または世界中で皆が同意する規範（例：人を殺してはならないなど）の方が通常説得力は増します。また、筆者の経験では、その事実が皆の常識を裏切る場合（例：儲かっていると思っていた商品が、丁寧に分析した結果、実は売れば売るほど損を出していた。あるいは、それまで当たり前に用いていた方法論がかえって非効率だった、など）、そのインパクトもあって、提案が通りやすくなる傾向があります。やはり事実は強いのです。

一方で事実には厄介な特性があります。それを理解しておかないと「事実であるがゆえに」人を間違った方向に導いてしまうこともあります。2つケースを紹介しましょう。

第一に、**事実はすべて「過去のもの」**ということを忘れてしまうことです。言われれば当たり前のことではあるのですが、多くの人が見落としてしまいます。もちろん、物理学の法則（例：質量とエネルギーは $E = mc^2$ の関係で結びついている）のような普遍的真理は、昨日事実だったものが明日からは通用しなくなるということはないでしょう。人を殺してはいけないという規範も、戦争などの特殊な状況を除けば、それを根拠として何かを主張しても問題はないはずです。

しかし、そうした過去の事実がそのまま未来も続く、あるいは同じトレンドで（線形に）変わっていくとは限りません。たとえばムーアの法則（半導体の性能が1.5年ごとに2倍になるという経験則）が過去50年間続いてきたというのは疑いようのない事実です。しかしこの法則も、2020年代の

どこかでは途切れるのではないかと予測されています。過去にもムーアの法則はいくつかの試練を乗り切って実現してきたのですが、だからといって、次の危機も乗り越えられるとは限りません。過去の事実は事実として理解しつつも、それが未来永劫は続かないという冷静な視点が必要です。

　なおこれは、過去の事実が全く意味がないというわけではもちろんありません。たとえばプライベート・エクイティ（再生ファンドなど）が資金を調達する際に、最も投資家が重視するのは、そのファンドの経営陣のトラックレコード（過去の実績）です。過去において優れた実績を繰り返し残してきた経営陣が率いるファンドはお金を比較的集めやすいのに対し、プアな成績しか残せなかったり、経験のないファンド経営者は資金集めに非常に苦労します。もちろん、過去に成功してきたから今後も成功するというわけではないのですが、「未来の事実」がない以上、過去の事実に頼るのは次善の策として致し方がないのです。

　第二に、**事実は「事実」でないことも多い**という問題もあります。2018年末には、厚生労働省の毎月勤労統計調査に重大なミスがあることが発覚しました。その他にも、国の政策に影響を与える基幹統計資料の4割程度にミスがあるとの報道もありました。官庁の発表するデータですらこうなのですから、皆が事実と思いこんでいる資料も、実は「本当にあったこと」ではない可能性は高いのです。

　本人の体験も、「百聞は一見に如かず」という諺もあるく

らい、人々の意思決定に影響を与えます。しかし、自分が経験したことは、その瞬間は事実に思えるかもしれませんが、さまざまなバイアス（認知や思考の歪み）が入ることもありますし、また全体像を捉えたものではなく、一面の事実にすぎません。都合の良い事実のみをファクトとして認識することもあります。

狡猾な人などは、こうしたバイアスを活用して相手の認識に影響を与え、本来「真実ではないもの」をファクトと錯覚させることすらあるのです。

HINT

ダークサイドに墜ちないためのヒント

①批判的な思考を持ってデータや情報に関するリテラシー（物事を読み解く力）を高める。たとえば１つのソースではなく２つのソースに当たるなど、過度に手間暇をかけない範囲でその真贋を見極める

②変化の速い時代に、過去のファクトがどのくらい根拠として妥当なのかをしっかり考える癖をつける

③しばしば、物事の変化はある段階を超えると、リニア（線形）ではなく、指数関数的（エクスポーネンシャル）に起こることを理解する

Chapter1 論理思考のダークサイド

Question

Case

06

相手にとって都合のいい情報を
うまく取られることも

質問

一般的には、自分が持っていない情報や見解を相手から引き出すために行う
行動。部下に考えさせることで育成を促したり、共感を育むために質問とい
うコミュニケーションの形が用いられることもある

失敗例

お客様の質問に丁寧に答えていたところ、弊社の方に非があるという結論を導
かれてしまった。思わぬところで言質をとられてしまったなあ。いまさら違いますと
も言いづらいし……

　質問というと、学生が教員に質問をするといったシーンが
思い浮かぶかもしれません。これらの質問は基本的に、分か
らないことを分かるように確認したり、新しい情報を得るこ
とを目的としています。

　ただ、ビジネスの質問はこれにとどまりません。図6に
示したようにいくつかの状況で、その目的は異なってきます。

　たとえば確認・共感の質問は、自分と相手の理解が一致し
ているかどうかを確かめ、さらに一致できる部分はないかを
探し、互いの心理的距離を近づけるために行います。

　指導の質問は、相手に考えさせる、相手が見落としている

34

図06 | 質問のタイプと目的

「答え」の有り無しでマトリクスにする

	相手にある	相手にない
自分にある	確認・共感	指　導
自分にない	情報収集	共に考える

視点に気づかせる、ということを目的とします。俗に言うコーチングの重要な要素です。

　共に考えることが目的の場合もあります。これは、自分も相手も現時点では答えを持っていないことについて、論点を整理したり根拠を確認したりといったことを通じて、チームとして考えを深めビジネスを前に前進させることを目的とします。

　ここで紹介した３つのタイプの質問は、通常、非常にソフトな問い掛けのスタイルが用いられます。

　このように質問とそれに答えるという営みは、正しく行えばビジネスを良い方向に前進させますが、そこにも落とし穴があります。特に質問を受ける側がそれに陥りがちです。その典型が、誘導的な質問に安易に乗ってしまうことです。質問者は、それを巧みに行うことで、言質をとったり、自分に

都合のいい情報を引き出したりするのです。

　まず、言質を取る例を見てみましょう。以下のようなパターンです。

―――――――――――― ジムにおいて ――――――――――――

顧客「（ソフトに）今受けているおたくのダイエットプログラムだけど、なかなか効果が出ないんですよ。指示通りの運動や食事をしているはずなのですが」

自分「実際の記録を見せていただけますか」

顧客「いいですよ。食事に何か問題はありますか？」

自分「これを見た限りでは問題ないですね」

顧客「運動に問題はありますか？」

自分「いや、これも問題ないと思います」

顧客「担当指導者の△△さんが新人で、指導が甘いという可能性はありますか？」

自分「△△はベテランですからそのようなことはないです」

顧客「特に問題はないということですね？」

自分「そうですね」

顧客「だとしたらなぜ結果が出ないんでしょうか？」

自分「うーん。ひょっとするとお客様の体質的な問題かもしれませんね。現時点ではそれくらいしか言えません」

顧客「（急に語気が強めになって）体質ですか？　そういう可能性も考えて、人間ドックに行ったときに医師に相談したんだけど、平均的で全く問題ないと言われましたよ。入会する時、営業の方に『指示通りにや

れば確実に効果が出ます』と言われて申し込んだの
ですが、必然的に、それが嘘だったということにな
りますね。これは問題じゃないですか。どうしてく
れるんですか！」

自分「（しまった、うっかり相手のペースに乗ってしまった）」

　自分に都合のいい情報をうまく引き出す質問のテクニック
もあります。これはアンケートなどでもよく使われる方法で
す。以下の例を見てみましょう。

A「日本の平和憲法は、戦後、アジアの平和に役に立ったと
　　思いますか？」
B「まあ、その効果はあったと思います」
A「いま憲法改正がいろいろ言われていますが、改正の必要
　　はありますかね？」

　このように言われたら、「あまり必要はないかもしれませ
んね」と答える人の比率は高いでしょう。一方、以下の聞き
方ではどうでしょうか。

C「自由を重視する今の憲法が、自分のことしか考えないセ
　　ルフィッシュな人間を生み出す遠因になったと思いませ
　　んか？」
D「まあ、確かにその側面はありそうですね」
C「いま憲法改正がいろいろ言われていますが、改正の必要
　　はありますかね？」

最後の質問は全く同じですが、今度は「必要ありそうですね」と答える人の比率は高いでしょう。このように、問いかけ次第で自分の根拠として都合のいい回答を引き出すことは、ある程度は可能なのです。

　ある実験によると、「車同士が接触したシーンを目撃されたと思いますが、赤い車の速度はどの程度でしたか？」と「車同士が衝突したシーンを目撃されたと思いますが、赤い車の速度はどの程度でしたか？」では、後者の方が速い速度を答えたといいます。「接触」と「衝突」と言葉を一つ変えただけでも、人々の回答は変わってきます。
　あるいは、「武田薬品工業では役員と平社員の年収差は30倍弱といわれていますが、日本企業では何倍が適切だと思いますか」と聞くのと、「味の素では役員と平社員の年収差は6倍強といわれていますが、日本企業では何倍が適切だと思いますか」と聞くのでは、前者の方が大きめの数字が出る傾向があります。いわゆるアンカリング（数字に引っ張られてその周辺で考えてしまうこと）の効果です。
　こうしたところに質問に答えることの怖さが潜んでいるのです。

HINT

ダークサイドに墜ちないためのヒント

①相手の意図や目的を想像する習慣をつける

②自分の答えがどのような結論（So What?）につながるかに意

　識を向ける

Chapter
1

論理思考

戦略・
マーケティング

アカウンティング・
ファイナンス

組織・
リーダーシップ

創造・変革

Chapter1 論理思考のダークサイド

Average

Case

07 客観的な数字だが
意図的にミスリードする人も

平均値

失敗例

サンプルの数値の合計値÷サンプル数で表わされる値。多くの場面で用いられ
る、集団の特性を示す代表値。代表値として最もよく用いられている

人事面接で、「君の売上成績は、部署の平均を下回る。これでは良い評価
を与えるわけにはいかない」と指摘されてしまった。事実としてはその通りかもし
れないが、一方で、自分は15人の営業担当者の中で7番目だったようだ。
7番目なら、真ん中より上じゃないか。それにもかかわらず、評価されないという
のは納得がいかない。これではモチベーションも上がらないよ。

　　平均はある集団の特徴を示す上で非常に便利な数字です。
そして世の中は「○○の平均値」という言葉で溢れています。
「平均年収の高い会社ランキング」「平均寿命」「1人当たり
のGDP」「日経平均」などです。そしてこれらは実際に企業
や国といった組織や個人の意思決定に大きな影響を与えてい
ます。たとえば就職活動中の学生であれば「平均年収の高い
会社ランキング」などは非常に気になるもののはずです。

　　しかし、この平均値という数字は本当に集団の実態を示し
ているのでしょうか？　もちろんそうしたケースもあります。

たとえば国民の平均身長などは、概ねその国の国民の体格を反映しています。ちなみに日本人成人男性の平均身長は現在およそ171cmです。それに対してオランダは約184cm、フィリピンは162cmとなっています。実際にこれらの国の方々と会ってみると、「オランダ人はやはり大きいな」「フィリピン人は小柄だな」と感じますので、平均身長はやはり役に立つ指標といえそうです。

ただ、常にこのようなケースばかりとは限りません。逆にミスリーディングな例としてよく指摘されるのは、**平均年収や平均資産**などです。たとえばある高級レストランに30人の顧客がいたとします。彼らの平均資産を知ることは、客層を知る上である程度のヒントになるでしょう。しかし、もしそこにアマゾン創業者のジェフ・ベゾス氏がいたら、彼の資産は約12兆円程度（離婚後）とされているので、彼の影響だけで4000億円ほど平均値が上がってしまいます。これでは何の判断もできません。サンプル数を1000倍の3万人にしたとしても、その中にベゾス氏がいれば全体の平均値を4億円引き上げてしまいます。

これは全数調査ではなく、サンプル調査ゆえの弱点というわけではありません。仮にアメリカの全国民をとったとしても、上位1％の資産家が、下位90％の層より多くの資産を持っているとされます。その結果、資産の平均値は庶民の感覚を大きく上回るものになってしまうのです。

図07　正規分布

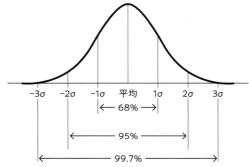

注：σは標準偏差。SD（Standard Deviation）とも表記する

　では身長と資産額の差は何でしょうか？　端的にいえば、身長は、いわゆる**正規分布**に近い分布をしている点です。1人で他者の1000倍や1万倍などの数字をとることができない場合、平均値は集団の特徴を表す数字としてよく機能します。実際、成人の身長は同じ民族であればほぼ正規分布をしており、また平均値の1000倍どころか1.5倍の身長となることもありません。

　一方、資産額は平均値の1000倍、1万倍以上を持つ人間は決して少なくありません。彼らが平均値を大きく引き上げる結果、集団の実態を表さない、歪められた数字になりがちなのです。日本はアメリカほど極端ではありませんが、それでも資産額となると、平均値と**中央値**（順番で真ん中の値）との乖離は100万円を超えるとされます。

　こうしたケースでは、代表値として平均値だけではなく、

中央値も併用する、もしくは中央値の方を重視することが提案されています。しかし、「総量÷数」で単純に求められる平均値は、算出が中央値に比べるとかなり容易です。

異なる集団の平均値を合算する際も、加重平均を用いればすぐにそれを行うことができます。それゆえ、弱点を知りつつも、いまだに多くの意思決定に用いられ、時として好ましくない結果をもたらすことがあるのです。

冒頭のケースは、会社がこの傾向を都合よく使った可能性があります。営業担当者の売上成績は、1人のスーパー営業担当者が数人分の数字を叩き出すことが少なくありません。その結果、順位は真ん中より上でも、平均より下ということが起こりやすいのです。企業は、全体的な業績が厳しい時には人件費を抑制しようとしますので、「平均以下」という事実が都合よく使われてしまったという可能性もありそうです。

また、このケースからも分かるように、平均値は意思決定を誤らせる可能性があるだけではなく、人々をブルーな気持ちにさせる数字でもあります。なぜなら、「平均」という言葉は、数学的には「全体の合計÷サンプル数」以上の意味はないのですが、一般的には「それが普通」「そのレベルに達していないと人より劣っている」、さらには「平均以下だと自分に問題があるかもしれない」という意識を持たせやすいからです。誰だって、どんなテーマであれ、「あなたは平均以下だ」と言われたらいい気分はしないものです。

たとえば昔は、母子手帳などの赤ちゃんの成長曲線は横軸

に月齢、縦軸に体重をとった平均値の線で示していました。その結果、その曲線を下回る赤ちゃん（特に第一子）の母親は「うちの子は発育がよくないのでは？」と不安になり、病院や保健所に問い合わせをしたそうです。近年は、その間に収まっていれば問題ないという「範囲」で示すようになっていますが、やはり「平均より下」という事実は多くの人にとっては問題なのです。

　もちろん、正規分布をしているケースでも半数は「平均より下」にはなるのですが、資産のような偏った分布をするケースにおいて、たとえば8割の人が「自分は平均より下か」と思うのは好ましいこととは言えないでしょう。中にはそうしたことを理解した上で、あえて平均値を使い、「あなたは平均以下ですよ。このままではまずいですよ」などとセールストークに使う営業担当者もいます。

　平均値は身近な数字ですが、意外に使い方は容易ではないのです。

HINT

ダークサイドに墜ちないためのヒント

①計算された数字だけを見るのではなく、可能なら分布全体を
　見る、あるいは分布を想像する

②中央値や最頻値（最もサンプル数が多かった数値）、あるいは
　頻度の高かった数値の情報があればそれも参考にする

Chapter
1

論理思考

戦略・
マーケティング

アカウンティング・
ファイナンス

組織・
リーダーシップ

創造・変革

Chapter1 論理思考のダークサイド

Ranking

Case

08

容易に作成者の都合に合わせて
順位を操作できる一覧表

ランキング

失敗例

順位や等級をつけること、またその結果。人々の注目を集めやすいリスト

この建売住宅を買う際に、不動産業者から「全国住みやすい街ランキング」
を見せられて、そこでトップ5に入っていたから迷った末にこの市に決めたのに、
自分としてはいまいち刺激がなくて住み心地がよくない。住人同士のコミュニケー
ションも希薄だし、気のきいた飲み屋が駅前にあるわけでもないしなあ。

　　我々は日々ランキングに囲まれて生きています。音楽好き
な人間であればヒットチャートを気にするでしょうし、書籍
を買う際に書店やアマゾンのランキングを参考にされる方も
多いでしょう。学習塾に勤めている方であれば、2月や3月
の風物詩となった「〇〇大学合格者数ランキング」が気にな
るという人も多いでしょう。人間はランキングと無縁ではい
られないのです。

　　その一方でランキングほど当てにならないものもありませ
ん。たとえば「〇〇大学合格者数ランキング」であれば、対

象や定義は非常に明確ですから、カウントミスさえなければ
そのランキングに少なくとも嘘はありません。

　難しいのは、冒頭にもあった「住みやすい街ランキング」
のように複数の評価項目を測定し、作成者側の意図をもって
重み付けするタイプのものです。

「住みやすい街ランキング」であれば、東洋経済新報社の
発表した2018年のランキングでは、5カテゴリー、16の
指標について指標ごとに平均値を50とする偏差値を算出し、
それらの平均値から5カテゴリーの部門評価および総合評
価を算出しているとの注釈がついています。具体的には以下
の指標です。

・安心度
　①病院・一般診療所病床数、②介護老人福祉施設・介護老
　人保健施設定員数、③出生数、④年少人口増減率

・利便度
　⑤小売業年間商品販売額（人口当たり）、⑥大型小売店店
　舗面積、⑦飲食料品小売事業所数

・快適度
　⑧汚水処理人口普及率、⑨都市公園面積（人口当たり）、
　⑩転入・転出人口比率、⑪新設住宅着工戸数

・富裕度
　⑫財政力指数、⑬地方税収入額、⑭課税対象所得額（納税

義務者1人当たり）

・ **住居水準充実度**
⑮住宅延べ床面積（1住宅当たり）、⑯持ち家世帯比率

そして結果として1位となったのは千葉県の印西市、2位は愛知県の長久手市、3位は宮城県の名取市でした。しかし、上記の求め方を知ると、いくつかの疑問が出るはずです。

「なぜこの16個の指標なのか？　たとえば安心度に犯罪率の低さや災害の少なさはなくていいのか。快適度に気候の良さや娯楽施設へのアクセスの要素は入れなくていいのか？」
「16個の指標は同じ重みなのか？」
「偏差値の足し算にそもそも意味があるのか？」

などです。

3つ目の疑問は少しテクニカルな疑問かもしれませんが、最初の2つは非常に重要です。本来であれば「評価すべき項目」をすべて洗い出して数値化し、正しく重み付けして数値化できればいいのですが、人間一人ひとりが何を重視するかが異なる以上、それは不可能です。
たとえば筆者であれば「働く場所が多く、さまざまなエンターテインメントの施設が充実している東京都心に近い」「教育環境がいい」「災害時に安心」などは気にするかもしれませんが、それ以外はよほどマイナス点がなければ気になりま

せん。個人的に過去一番住みやすかったのは、東京23区で唯一の「人口消滅可能性都市」とされた東京都豊島区（池袋を中心とする区）でした。一方で、シニアの方などは、やはり病院や介護施設の多さ、市の財政などを気にされるかもしれません。

実は、こうしたランキングは選ぶ項目と重み付けを変えればある程度は自分の都合の良いように作れてしまうものなのです。冒頭のケースは、いくつかあるそうしたランキングのうち、不動産業者が、地元の市が上位に入っているものを選んだ可能性があります。

上記の例はまだ客観的な数字に基づいているだけいいのですが、ここにアンケートが加わると恣意性はさらに高まります。アンケートそのものは人々の意識を捉える上で否定される方法論ではないのですが、34ページの「質問」の項目でも取り上げたように、質問の設計や質問の前後の文脈、実施や回収の方法などでかなり結果が左右されることは認識しておくべきでしょう。

ちなみに、選挙もある意味アンケートの手法を用いたランキングともいえるわけですが、人口の母数が多くかつ投票に行きやすいシニアの意見が反映されがちな一方で、人口も少なく政治不信の大きい若者の意見は反映されないという側面があります。「シニア民主主義」といわれる所以です。

極端にいえば、新規事業A案、B案、C案のどれを選ぶかというシーンで、上記に紹介したテクニックを使えば、自分の一押しの案を上位に見せることは簡単です。たとえば市場性について、規模よりも成長性を重み付けして加重平均すれば、いまは小さな市場でも評価は上がります。そこにそれらしい業界キーパーソンのポジティブなコメントを付けておけば、初見でその資料を読んだ人は、その操作になかなか気がつかないのです。

　逆に、C案だけは通したくないというのであれば、C案が最も劣っている要素、たとえばカントリーリスクなどを過大に重み付けして比重を増せば、C案の総合点数は下がります。あるいは、重みは小さくてもノックアウトファクター（他の項目はよくても、その項目が満たされないなら、その選択肢は外されるという要素）的な懸念材料を入れておけば、これもC案を外す材料として使うことができます。たとえば、「反社会的な勢力に取り込まれる可能性がわずかだがある」などです。

　逆に言えば、他人が作ったランキングや評価シートを見る人は、そこに使われた前提を鵜呑みにするのではなく、ゼロベースでそれを疑う姿勢が求められるのです。

HINT

ダークサイドに墜ちないためのヒント

① データの出所を常に意識し、作成者の予見などを想定する。
　可能であれば生データにもあたる

② 自分が資料を作る場合は「結論ありき」で都合のいい情報を
　集めたり操作しないようにする

Chapter1 論理思考のダークサイド

Case

09

両者がWinでも第三者がLoseなら
問題が生じることも

Win-Win

全体のパイが大きくなり互いに取り分が増えるような状態。 皆がハッピーにな
る好ましい状態

失敗例

サプライヤーから、「Win-Winで行きましょう」と説得されて進めたこの交渉、
確かに最初に想定していた条件より、自社にもメリットがあった。しかし、後工
程の顧客からは評判が悪く、最近は売上げも下がってきた。うちとサプライヤー
は一見良くても、顧客離れが起きるようなら本末転倒じゃないか。

　　Win-Winは戦略論や交渉術などでも用いられる言葉です。
全体のパイを大きくすることに重きを置き、その結果お互い
の取り分をより大きくすることを主眼とします。たとえば全
体のパイが100でそれを30と70に切り分ける状態があっ
たとします。ここで何らかのアクションを行うことでパイが
120に広がり、お互いの取り分が40と80になれば両者ハッ
ピーというわけです。

　　たとえばプロモーションを共同で行い、市場規模が1社
でプロモーションする場合よりも急激に増えたら、それは
Win-Winの結果となる可能性を増します。

交渉術の理論に基づけば、「自分はあまり価値を置いていないけれど相手が価値を置いているもの」を交換し合うことによって、お互いが感じる便益を増やすことができます。たとえば社員との待遇の交渉で、その社員が賃金よりもポジション名に重きを置くのであれば、賃金は増やさず「○○チームリーダー代理」のような肩書を与えることで相手の欲求を満たすことができます。会社としては人件費という費用が増えないため、これもお互いにハッピーになるというわけです。

近年の交渉論では、Win-Win の状況をお互いが協力しあって作ることこそ交渉の神髄であり、「Win-Win or No Deal (Win-Win にならない交渉なら妥結しない方がマシ)」という言い方もあります。

一方で、Win-Win の美名のもとに、全体最適が損なわれるケースも時々あります。たとえばメーカーと流通業者のことを考えてみましょう。何かしらの取り決めにより、お互いの取り分は確かに増すとします。しかし、それがたとえばメーカーにとって「コストパフォーマンスの悪いイマイチな商品を売りさばく」ということが主眼であれば、メーカーと流通業者は Win-Win の取り決めでも、肝心の顧客が Win でないことになってしまいます。これでは真の Win-Win とはいえないでしょう。流通業者も自社のブランドイメージを損ね、長期的にはマイナスの方が大きくなる可能性すらあります。

建設業者の談合もそうです（談合そのものがそもそも違法ですが、ここではいったんそれは捨象します）。談合を行えば、

確かに関連する建設業者は潤うかもしれません。入札に直接関与していない下請けのサブコン業者も潤うでしょう。しかし、発注者は逆に Win の状況にはなりません。仮にその案件が公共の建設等であれば、税金が無駄に業者に流れたと見ることもできるわけで、住民がつけを払わされることになってしまいます。

経済学で「負の外部性」の代表とされる公害も、社会全体の Win-Win が実現しなかった状態といえるでしょう。たとえばある製法をとることでメーカーは低コストを実現し、消費者も喜んだとします。そこだけを見れば非常に良い話です。しかし、公害によって工場近辺の住民に迷惑がかかるのであれば、これもやはり Win-Win とはいえません。

昔の近江商人の言葉に「**三方良し**」があります。これは「**売り手良し、買い手良し、世間良し**」の３つを同時に実現することこそ商売の基本であるという考え方で、いまでも多くの経営者に影響を与えています。

この中で現実に難しいのは「世間良し」でしょう。多くの企業はさすがにキャッシュをもたらす顧客には意識を向け、彼らにより大きな便益を提供しようとします。一方で、社会については範囲が広いため、なかなか全員を Win にすることは難しいものです。たとえば昨今、CSR や CSV の意識の高まりにより、環境に優しかったり、貧困撲滅につながるような活動を企業活動に取り入れる会社は増えています。しかし、環境に優しい素材を使うことは、世界の別の貧困地域の

人々の仕事を奪っている可能性だってあるのです。

　もちろん、このようなことをすべて理解しクリアしようとしてはビジネスが進みませんから、どこかで割り切る必要はあります。しかし、Win-Winと言いながらも、実はそれはある狭い範囲の中のWin-Winにしかすぎないことが多いのです。相手に「Win-Winで行きましょう」と言われたら、そこで油断する人も多いかもしれませんが、その裏側には多くの罠があるのです。

HINT

ダークサイドに墜ちないためのヒント

①視座を高め、広い視野を持つ

②どの範囲でWin-Winなのかを意識するようにし、重要なステークホルダーにマイナスになっていないかを確認する

戦略・マーケティングの
ダークサイド

Chapter

2

Chapter2 戦略・マーケティングのダークサイド

Case

10

実現性や共感度を無視すると
遠からず破綻する

ビジョン

未来のある時期にどのような企業となっていたいかなどの構想、未来像。皆
を鼓舞する将来の到達地点

失敗例

同期の同僚が作ったこの新規事業のビジョンは面白いけど、彼／彼女に本
当に実現できるのだろうか？　どうも失敗のイメージしか湧かない。面と向かって
「無理だよ」と言うのも難しいし、このまま静観すべきなのだろうか……

　　ベンチャービジネスや新事業においては、ビジョンの重要
性は非常に高いものがあります。特にベンチャーの場合は通
常、おカネや人材などの経営資源が不足していることが多い
ですから、魅力的なビジョンを掲げ、おカネや人を集めるの
は起業家の最も大切な仕事の1つです。

　　ただし、世の中のビジョンを見てみると、「これって本当
に実現できるの？」と疑問に思うものも少なくはありません。
ビジョンはあくまで将来のことですから、その気になれば実
現可能性をさしおいて大きく作れる将来図ともいえるわけで

す。実際、投資熱が過剰な時代（20年前のネットバブルや近年）は、必ずしも成算のないビジョンでもおカネを集めることが容易になったりもしています。

　では、実現が難しいビジョンとはどのようなものでしょうか？　いくつかありますが、ここでは代表的なものを2つ挙げましょう。

　第一は、世の中のトレンドに沿っていないというものです。たとえばエコや貧困撲滅につながるようなビジネス、あるいはAIを活用したサービスなどは非常にわかりやすいので工夫次第で面白いビジョンは描けるでしょうし、それに賛同する人も多く集まる可能性があります。

　一方、たとえばパチンコ向けのサービスやカジノ向けのサービスはどうでしょうか？　もちろんニーズは一定はあるかもしれませんが、パチンコは世論次第で将来どうなるか分からない部分もありますし、カジノも世界的には斜陽産業です（理由としては、娯楽の多様化、マネーロンダリングや賄賂に活用するニーズの縮小などがあります）。

　日本人にマリファナ吸い放題のツアーを企画するというサービスも、近年の人々の意識を考えると難しいのではないでしょうか。

　もちろん、皆が考えていないビジネスを見出すというのも大事な視点ではありますが、一方で、ステークホルダーを集めにくいビジョンはやはり難しいのです。

第二に、自分の能力と乖離したビジョンになっているということがよく起こります。人間の能力のリミットはないという意見もありますし、志や情熱次第でスキルやネットワークなどは獲得できるという側面は確かにありますが、そこにも常識的な線というものがあります。自分（複数の場合は自分たち）の実力を冷静に見極めないと、それを超えた過大なビジョンに自分が苦しむことになります。近年は、投資家もピボット（方向転換）も受け入れるようになっていますが、毎回ピボットばかりし、しかもビジョンのスケールが小さくなってしまうようでは人々の信頼もどんどん損ねてしまいます（240ページ参照）。

　ビジョンについてよく言われるのは「やりたいこと」「社会に求められていること」「やれること」のバランスを高度な次元で満たすことです。やりたいことでないと自分のエネルギーが続きませんし、社会に求められていなければ市場性は限定されます。そして何より自分がやれることでなければ、成功はおぼつきませんし、下手をすると多くの人を巻き添えにしてしまいます。

　いたずらに保守的なビジョンにする必要はありませんが、資金や人材集めのためにいかにも「作った」ようなビジョンでは効果も半減なのです。

HINT

ダークサイドに墜ちないためのヒント

①自分を客観的に眺める。同時に、他者から自分がどう見えているのかを虚心坦懐に聞く

②マイルストーンを定め、本当にそれが順次クリアできそうかを検討する

Chapter2 戦略・マーケティングのダークサイド

Industry Definition

Case

11
ビジネスチャンスにつながることも、
自縄自縛に陥ることも

業界定義

業界とは、類似の製品・サービスを提供する企業や顧客の集合体。医薬品業
界、証券業界のように「市場」と似たような意味合いで用いられることも多い。
自分たちが戦う「戦場」でありキャッシュ創出源でもある。業界定義は、そ
れを企業がいかに設定するかということ

失敗例

最近取引を始めたIT企業のZ社は業界ナンバー1という評判を聞いていた
ので信用したのだが、実は売上げ50億円程度のニッチ市場で競合が3社し
かいない中での1位だった。IT業界の中では大した売上げでもない。仕事の
進め方もいま一つだし、パフォーマンスも良くはない。なんだか騙された気分だ。

　「業界」は戦略やマーケティングを考える上で最も基本的な
概念でもあります。特に個別の事業戦略を検討する際には、
業界の規模や成長性、魅力度（儲けやすさなど）、業界独自
の慣行などをしっかり把握するのは戦略立案のイロハとされ
ます。

　一方で、業界がそんなに簡単に決まるかといえばそんなに
簡単ではありません。むしろ、**業界をどのように定義するか
ということ自体がビジネスチャンスの発見や斬新な戦略立案に
つながることもある**のですが、多くの人はその感覚を持ち合
わせていません。

たとえばドン・キホーテという会社の例を考えてみましょう。同社は非常にユニークな品揃えやレイアウトで知られています。GMSでもホームセンターでもありませんし、「ドン・キホーテはドン・キホーテとしか言いようがない」というポジションを小売全体の中で築いたことが同社の成功要因ともいえるわけです。

我々グロービスも昔から常に「Different Animal（他とは違う動物）」であり続けようとしてきました。もちろん「研修業界」「経営大学院業界」に属しているという見方もできるのですが、日本で唯一の「経営学の提供機関」としてあり続けようとしたことが現在のポジションの礎になっています。最初から「（先行する）慶應ビジネススクールがいるような業界」と業界を定義しなかったこと、そして彼らを主要なライバルとして戦わなかったことが大事だったのです。

一方で、業界定義をユニークに行うことは、独自性の高い事業展開につながる可能性がある半面、顧客や取引先に誤った印象を与える可能性もあります。冒頭に示したケースもその例といえるかもしれません。

中には、あまり意味のない細分化を行い、そこでナンバー1であることをうたう企業もあります。たとえば「20代の男性向け健康雑誌ではナンバー1」といわれても、20代はそれ以降の年代に比べると、生活習慣病も少なく、それほど健康を気にする年代でもありませんから、見かけ以上に自分を良く見せるための細分化にすぎない可能性も高いのです。「東京都荒川区西日暮里で最大の不動産屋」も同様です。い

くら不動産ビジネスが地場密着の要素が強いとはいえ、この
レベルの狭い範囲で細分化して最大といってもあまり意味は
ないでしょう。数百メートルも行った別の大きな街（田端や
日暮里など）にもっと大きな不動産屋がある可能性も大きい
からです。

　**条件を複数足していけば、あらゆる企業がナンバー1になれ
る**という事実を忘れてはいけません。

　業界定義を誤って、自分たちの首を絞めるというケースも
あります。有名な例ですが、かつてアメリカの多くの鉄道会
社は、自分たちを「鉄道屋」「鉄道業界に所属するプレーヤー」
と定義することで、成長の芽を摘んでしまいました。仮に
「人々の移動を支援する会社」と定義しておけば、航空産業
や自動車ビジネスに展開する可能性もあったのです。業界定
義、言い換えれば、「自分は○○屋だ」というラベルを貼る
ことは、自らの思考を狭めてしまう可能性があるのです。

　こうした業界の定義は、自分たちではなく、外部の人間に
よってなされることもあるので要注意です。たとえば、長年
「○○業界のナンバー1」と言われ続けると、自分たちの思
考もそこに固まってしまい、たとえば「今現在業界1位だ
からやはりこの業界でがんばろう」という発想に陥るリスク
もあるのです。

HINT

ダークサイドに墜ちないためのヒント

①自分の所属している業界について、常に3つ程度の定義をして
みる

②その細分化が意味のあるものなのかをチェックする

Chapter2 戦略・マーケティングのダークサイド

SWOT Analysis

Case

12

客観的な分析のようで
実施者の意図の介在余地が大きい

SWOT分析

企業の「強み(Strengths)」「弱み(Weaknesses)」「機会(Opportunities)」「脅威(Threats)」をマトリクス上に回し出し分析するフレームワーク。自社の課題や事業機会を見出す便利な分析ツール。たとえば強みと機会を掛け算することで、好ましい多角化の方向性を導きだしたりできる

失敗例

企画部所属の先輩の勧めもあって、自部署においてSWOT分析を用いて経営環境を洗い出した。その先輩を招いてファシリテーターもお願いした。しかし、出てきた結論がどうも自分の実感値に合わない。むしろ、これは先輩の意見が色濃く反映されたものではないだろうか?

　SWOT分析は、図示したように「内部環境/外部環境」「好ましい傾向/好ましくない傾向」でマトリクスを作ったものと見なせます。発祥はアメリカですが、日本企業でも好む人は多く、経営環境分析の有名フレームワークとなっています。

　このように有名なSWOT分析ですが、実際にはいろいろ議論したものの、時間の浪費で終わるということも少なくありません。企業に関するさまざまな情報を一覧できるはずのSWOT分析が機能しないのはなぜでしょうか?　ここでは3つの理由をご紹介します。

　第一の理由として、SWOTはカバーする範囲が広く、必

図08 | SWOT分析

然的にリストアップされる項目も多くなりがち、という点があります。

特に外部環境には市場・顧客の話もあれば競合の話、マクロ環境の話、業界の話など非常に多くの要素が含まれてしまいます。その結果、OとTのセルに非常に多くの項目が羅列され、何が何だか分からなくなる、ということが起きがちです。

特に、さまざまな事業部の人間が参加してSWOT分析を行うと、自分の部署の話はわかるものの、他部署の話が全くわからず、情報量は多いものの、それらを適切に評価したり、そこからの示唆を導ける人がいないという事態もしばしば起こります。

筆者はかつて各セルに30個以上の項目が羅列されたSWOT分析の結果を見たことがありますが、これではなかなか次のステップにつなげるのは難しいでしょう。分析はや

はりアクションにつなげてこそ意味があるともいえますので、アクションにつながりにくい情報過多は好ましくありません。

　第二に、SとW、そしてOとTはどちらにも解釈できるため、場合によってはファシリテーターの誘導に引っ掛かってしまいやすいという点もあります。

　たとえば「企業が小さい」というのは経営資源が不足しがちという意味では通常はWのセルに入りそうです。一方で「機動力が高い」「一気にトップの指示が徹底する」と言えばこれはSになります。

「知名度がない」も普通はTですが、「今から自由度高く企業イメージを浸透させることができる」と捉えればOにもなります。

　このように両方の見方ができるというのは、うまく使えばSWOT分析の長所ともなります。たとえば上記の例でいえば、小企業がそのスピード感を活かし、一気にユニークなCMで認知度を高めるといった施策は、通常は打てないものですが、トップが腹をくくればできるということです。

　ただし、そうした解釈は往々にしてファシリテーターやトップの「結論ありき」になってしまうのです。つまりどのような事実があったとしても、その結論に応じてその解釈を自分の持っていきたい方向に動かせてしまうわけです。

「業界1位だ」→「一気に地位を確立するチャンスだ」
「業界2、3位だ」→「チャレンジャーとしてトップに迫る

工夫と投資が必要だ」

「業界中位だ」→「乾坤一擲の勝負に出ないと先細りだ」

「ニッチャーだ」→「現在のニッチ市場が消えてしまえば自社は存在できなくなる。積極的に多角化を図ることこそがリスク低減につながる。今やるしかない」

などです。安易に「SWOTでもやりましょう」という提案に乗ると、ひょっとすると好ましくない方向に誘導されてしまうかもしれないのです。

現実にはより詳細な分析をした上でその施策の妥当性を検証する必要があるのですが、SWOTはなまじ情報量がありますから、そこである程度は仮説が検証されたと錯覚しがちです。詳細分析も結局は「都合のいい情報」のみに目が行きがちになるため、結局、分析したわりには、SWOTならではの示唆が得にくくなるのです。

第三に、議論のプロセス管理の難しさがあります。分析というものは、最終的に出てきた結果もさることながら、それを通じて関係者の意識を合わせるという効果もあります。たとえば経営資源配分の有名フレームワークであるGEスクリーン（図9）は、分析結果以上に、なぜその事業をそこに配置したのか、なぜ魅力度を考える際、ある項目を重視したのかなどの議論が深まる結果、組織（特に経営層）のベクトルが合いやすくなるというメリットがあります。

SWOTも使いようによってはこうした意識合わせができるのですが、やはりカバーする範囲が広いことから個々の要素に関する議論に時間が割けず、尻切れトンボの意識合わせ

図09 GEスクリーン

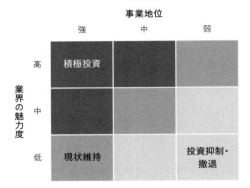

になりがちなのです。

　このように、SWOTを効果的に使えるか否かは組織の経営リテラシーに大きく依存しがちなのです。

HINT

ダークサイドに墜ちないためのヒント

①目的を意識し、フォーカスを定めて議論する。特に発散には注意する

②十分な時間を確保する。そのためにも当初の目的を再確認し、その目的に照らした参加人数や工程を設計する

Chapter2 戦略・マーケティングのダークサイド

Economies of Scale

Case

13

一見単純な経済原理だが
現実には思ったほど効果がない

規模の経済性

生産数あるいは販売数が増えるにしたがって1単位当たりの生産コストや販売
コストが低減すること。 最もシンプルかつ見通しやすい事業経済性

失敗例

メインバンクの勧めもあり、同業のA社と合併した。同業だから、本来、規模
の経済性が働くはずだが、むしろコストアップになっているのはなぜだろう?

　事業経済性とはかいつまんで言えば、「○○をするほど1
単位当たりのコストが下がる」ようなビジネスに関するコス
トの傾向です。「ネットワークの経済性」「範囲の経済性」な
どさまざまなものがありますが、その中でも最も古典的で実
際に意識されているのが規模の経済性です。

　規模の経済性が働く理由としては下記が挙げられます。

・ビジネスには一定額必ずかかるコストや投資があるので、数
　量が出るほど（規模が大きくなるほど）、そうした固定費や固
　定的投資が分散されやすくなります。たとえば医薬品は新薬

図10 | 規模の経済性

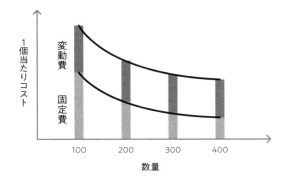

を作るのに1000億円程度の費用を要するとされます。売上が数千億円程度の企業ではその費用を賄うのは難しいですが、数兆円規模の売上を持つ企業であればそれも可能です。仮に多少薬価が低くなっても、多額の新薬の売上が期待されますので、それでも十分黒字を確保できるのです。

・規模の経済性は変動費的な費用にも効いてきます。その典型は原材料（あるいは流通業であれば商品）の仕入れです。通常、100万個購買する企業は、1万個しか買わない企業の数十％の単価で契約しているはずです。巨大な流通業（日本であればイオングループやセブン＆アイ・ホールディングス）の商品価格がライバルより安いのも、購買段階でバイイングパワーが働き、安く仕入れることができるからです。

これらの理由の他にも、通常、規模が大きいとたくさんの

経験を積むことになるので、生産や販売がうまくなる、あるいは、製品・サービスの露出が増す結果、広告投資額が少なくて済むなどの理由もあります。

近年、企業の合併が相次いだ背景としても、世界的な競争が広がるなか、投資余力を持ったり、価格競争で勝つ上で企業の規模が必要になったという側面が大です。

ただ、このように単純に見える規模の経済性ですが、思ったほどには効かないことも多々あります。ここでは典型的な３つのケースを紹介しましょう。

第一に、カスタマイズが増えすぎたり品目が多くなりすぎるというケースがあります。

規模の経済性が最も働きやすいのは、ひたすら同じ製品・サービスを扱うケースです。たとえば100年前のフォード社は黒のＴ型フォードしか扱っていませんでしたから、極めて規模の経済性が効きやすい状態にありました。時が下って20世紀後半になったときも、フォードが比較的製品ラインを絞り込んでいたのに対し、総生産台数では勝るGMは、品目数が多すぎるため、規模の経済性の効きが悪くコスト高になってしまいました。これはGMという会社が、ビュイック、キャデラック、エルモア、ポンティアック、シボレーなど、元々は別々の会社が集まって拡大してきたという歴史にもよります。そうしたことがGMの連邦破産法申請につながっていったのです（他にも企業年金を始めとするレガシーコストの高

さなど、さまざまな理由はありますが)。

　第二に、コミュニケーションコスト、調整コストの方が大きいという問題もしばしば生じます。通常、**規模が大きくなれば当然各部署間の調整が必要になります。**これは商品品目数が多い場合に当然多く発生しますが、比較的品目数が少ない場合でも発生し、規模の経済性の効果を上回ることがあります。

　また、組織が大きくなって事業部制などになると、組織の壁が高くなる結果、ダブりが発生することで本来効くはずの規模の経済性が効きにくくなることもあります。それらを調整できればいいのですが、面倒なことと放置される結果、コストも高止まりしてしまうのです。

　さらに、合併などでよくあるケースですが、本来、経営企画部などのコーポレイト部門（216ページ参照）などは、規模が2倍になったからといって2倍の人員は必要ないはずです。しかし、合併を主導あるいは支援するのは通常経営企画部門ですから、自ら規模縮小を申し出ることは稀です。また初期は経営統合に伴う事務作業などが発生してしまう結果、人事や経理といった部門も、規模はなかなか縮小されません。そうした状態が、合併が一段落した後も保存されることが多く、結果として必要以上の間接部門人員を抱えることにつながりがちなのです。

　第三に、個々の工場や店舗の稼働率が上がらないという状況があります。

図11　全社の固定費と局所の固定費

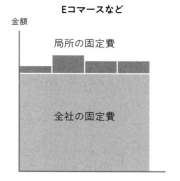
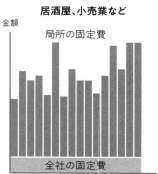

　固定費には、全社で共有できるものと局所でしか共有できないものがあります。居酒屋チェーンの個々の店の賃借料などは後者の代表です。どれだけ会社全体の売上げが大きくなったとしても、個別の店舗の稼働率が低いままではコスト高になってしまうのです。多くの飲食チェーンやカラオケチェーンなどがこの罠に陥り、店舗の再構築を求められました。

　一見単純な経済原理も、個別の事情に照らし合わせるとその効き具合は異なるのです。近年、さまざまな業界でM&Aが模索されたり実行されていますが、企業の内外を問わず「くっつけた方が規模の経済性が効く」という話は、本当かどうか一度疑ってみる必要がありそうです。

HINT

ダークサイドに墜ちないためのヒント

① 「効くはずだ」でとどめず、現実的な過程に照らして試算して
みる

② そもそもの原理をもう一度確認する。特に固定費の分散の原
理に関して

Chapter2 戦略・マーケティングのダークサイド

Case

14

鎖の輪だけに執着すると
鎖の弱体化を招く

バリューチェーン分析

事業活動を機能ごとに分類し、どの部分（機能）で付加価値が生み出されて
いるかを分析するフレームワーク。オリジナルのものはハーバード大学のマイケ
ル・ポーター教授が提唱した。事業の特性を見る上で非常に役に立つ分析

失敗例

自社の事業をバリューチェーンで分析し、あまり独自性もなく価値を出していな
い物流部門をアウトソースした。その結果、コストは下がったが、顧客からの評
判は悪くなった。

　　バリューチェーンはある事業を機能ごとに切り分け、定性
的にその特徴を洗い出したり、どのくらいのコストがかかっ
ているかを定量的に洗い出すフレームワークです。もともと
の切り方はポーター教授が提唱した9つに分けるものでし
たが、業界によっては使い勝手がよくないことから、業界や
事業にあわせ、主機能のみを示す方法が一般的です。
　　バリューチェーンは自社単独の分析でも威力を発揮します
が、図12に示したように、ライバル企業と比較をするとそ
の差異がより明らかになり、何をすべきかの方向性が得られ
やすくなります（なお、実際にはライバル企業の正確なコス

図12 | バリューチェーンの分析例

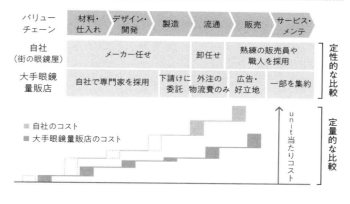

ト構造までは手に入らないことが多いですが、財務情報を利用したり、何らかの前提を置いて試算することで、ラフな状況を把握することは可能です)。

このバリューチェーン分析を利用すると、「ここは自社がコストをかけておらずライバルに比べて明らかに弱い」あるいは「ここはビジネス上それほど重要ではないのにコストがかかりすぎている」といったことが分かってきます。

多くのビジネスパーソンがバリューチェーン分析を行って最初に目が行くのは、実際にかかっているコストです。そのコストが最終的に顧客が支払う対価に見合っているなら問題はないですが、顧客が支払う対価に見合っていない、あるいは競合に比べ高くなっている場合、そのコストをカットしよう、あるいは何らかの方法で生産性を高めようという動きにつながることが多くなります。たとえば新製品の開発数が他

社に比べて劣っているのに研究者数が多いなら、オープンイノベーションを進めて研究者を他部署に配転する、あるいは営業担当者の人数は多いのに生産性が低いなら、SFA（セールスフォースオートメーション）を導入して営業の効率を上げようなどです。

　ただ、こうした方向性は確かに可能性としてありえなくはないのですが、より詳細なバリューチェーン分析を行わないと、間違った方向に進むことになってしまいます。**本来、各機能は単独に存在しているわけではなく、それぞれが連携し合い、最終的な価値を提供するもの**だからです。

　たとえば営業の生産性が低いのは、営業担当者のスキルの問題ではなく、開発部門との連携が取れていないことが問題かもしれません。ライバル企業は開発部門と営業部門が非常に細かく協調し、時には顧客のもとへも同行しながら製品開発を進め、その結果、顧客が高い価格を払ってもいいと思えるような製品を開発しているのかもしれません。

　それに対して、自分たちは「営業は営業、開発は開発」で向かうベクトルがずれている可能性もあります。であれば、その状態で生産性向上やコストカットを図っても、あまり効果は高くはありません。まずはバリューチェーンの各部署の方向性を揃えることを先決とすべきでしょう。

　実際に、バリューチェーンの各機能同士の意思疎通が悪く企業の業績を落とした例は枚挙にいとまがありません。CPUで有名なインテルは、もともとフェアチャイルド社の出身者が作った会社ですが、彼らにはフェアチャイルドに対する根

強い不満がありました。同社では設計部門と生産部門の仲が悪く、近距離にあったにもかかわらず、心理的距離は非常に遠いものがあったのです。また、フェアチャイルドでは設計部門が生産部門を一段低く見る風潮があるという問題もありました。

そこでインテルの創業者らは、バリューチェーンの各機能間の風通しがいい、特に設計部門と生産部門が緊密に連携する組織を作ることを組織運営の主眼とし、同社を成功に導いていったのです。

バリューチェーン分析は全体を細分化するだけの分析方法ではありません。まさに一本の強い「チェーン（鎖）」の状態になっていることが必要なのです。

HINT

ダークサイドに墜ちないためのヒント

①細分化するだけではなく、その機能間の関係も見る。特にコミュニケーションの状態や感情の状態など

②バリューチェーンを大ぐくりではなく、必要十分な粒度で細かく見る。たとえば部署としては「品質保証課」が工場部門に属していたとしても、それが重要な機能であれば明示的に切り出して分析するなど

Chapter2 戦略・マーケティングのダークサイド

Case

15

強みは、いつでもどこでも
強さを発揮できるわけではない

Capability/Core Competence

ケイパビリティ／
コアコンピタンス

コアコンピタンスは、企業の活動分野において、競合を圧倒的に上まわるレベルにある「核となる強み」のこと。バリューチェーンのどこかの機能を指すことが多い。ケイパビリティはバリューチェーン全体にわたる組織独自の能力のこと。特に多角化などを図る際に意識することが多い

失敗例

我が社の強みは店舗を高速で立ち上げていくこと。しかし、アジア市場ではそれがうまくできていない。高速店舗展開はうちの強みのはずだが、なぜこのような事態に陥っているのか?

　　もともとコアコンピタンスとケイパビリティは異なる概念として提唱されましたが、近年ではこの二者をそれほど明示的に使い分けずに「企業の強み」として括ることが多くなっています。本稿でもその前提で議論を進めます。

　　さて、企業の強みは自社の競争力を維持したり、それを新事業に活かす際などに非常に重要な意味を持ちます。個人レベルでも、たとえば就職活動をする際に「自分の強みは何か? それはどのくらい武器になるのか?」を考えた方は多いでしょう。

たとえば日本マクドナルドという会社の強みは何でしょうか？　一例としては、以下のようなものが挙げられます。

・ 世界中でグループ企業が事業展開していることから来る規模の経済性→低価格の実現
・ 圧倒的知名度（しかも広告費は相対的には規模の経済性でそこまで高くない）とブランドイメージ
・ 良い立地への出店による集客力
・ 世界中で標準化されたオペレーションの仕組み、それを支える完成されたマニュアル

これを日本の企業、たとえばモスバーガーが真似をするのは至難の業です。事実、同社はマクドナルドとの真っ向対決は避け、立地も「二等地戦略」で棲み分けを図りました。一時期は非常に好調でしたが、昨今はフランチャイジーのオーナーが歳をとり、また店舗もやや老朽化したこともあって苦戦を強いられています。

日本マクドナルドも一時期はスキャンダルもあって大変な時期がありましたが、今では盛り返し、バーガーショップナンバーワンの地位を維持し続けています。

では、仮にマクドナルドがスシローなどと同様の回転寿司「マクドナルド寿司」を始めたらこの強みはそのまま生きるでしょうか？　おそらく、かなりの部分は生きにくいでしょう。たしかに清涼飲料の仕入れなどには範囲の経済性（96ページ参照）が働き有利になるかもしれませんし、同社の卓

越したオペレーション戦略は、別の業界でも活かせるかもしれません。しかし、ハンバーガーと寿司では食材が異なりすぎて仕入れでのバイイングパワーが効くものが少ないですし、イメージも異なりすぎ、一からプロモーションをやり直す必要がありそうです。

　ちょっとしたコーヒーショップなどであればまだしも、同社が回転寿司を始めるのは、既存の強みが生きませんし、むしろ既存事業に悪影響を与える可能性もありますから、やはり「無理筋」と見るのが妥当でしょう。

　このケースは比較的単純な例でしたが、実際には、ある強みが別の場面で本当に生きるかは慎重に検討しておかないと「予定と違う」ということになりかねません。個人でもたとえば「慎重・堅実」という性格は銀行員や会計士などの職業には向くかもしれませんが、起業家には向かない可能性があります。

　戦略論で、自社の経営資源やノウハウ、特にその強みに注目する考え方を「リソース・ベースド・ビュー」（RBV）といいます。RBVは有効である半面、いくつかの批判が存在しています。その筆頭が、まさに「強みはいつも強みになるとは限らない。常にワークする強みはない」というものなのです。

　冒頭の失敗例について考えていきましょう。なぜ高速での店舗開設を得意とするこの会社が海外では失敗したのでしょうか。以下の理由が考えられそうです。

- 新規出店に関するノウハウ（場所の選定など）が海外では日本ほど蓄積されていなかった
- 海外はパートナー企業に任せざるを得ない部分も多いが、そのパートナーの選定に失敗した
- 日本では過度にマニュアルに頼らなくても阿吽の呼吸的なもので店員やアルバイトの教育が可能だったが、海外のスタッフにはそれが通じなかった

　やはり強みは常に強みであり続けるとは限らないのです。「この強みを活かして新事業をやりましょう」という提案は、往々にしてそうしたことを見逃しており、場合によっては牽強付会でこじつけたものでさえあるのです。

HINT

> ### ダークサイドに墜ちないためのヒント
>
> ①強みがどのような文脈や前提の上に成り立っているのかを再度考察する
> ②強みが別の場所でどのくらい強みとなるかをリサーチを踏まえ、イマジネーション豊かに想像してみる

Chapter2 戦略・マーケティングのダークサイド

Differentiation

Case

16

「違い」は必要条件であっても
十分条件ではない

差別化

他社との違いを打ち出すこと。 競争戦略における最も基本的な勝ち方。 差別
化は一様ではなく、 各企業がさまざまな差別化を打ち出している

失敗例

主要株主から、「もっと製品を差別化しないと市場で埋没してしまうぞ」と発破
をかけられた。そこで差別化に取り組み、そこそこ売上げは増えた。しかし、そ
れ以上に開発費や販促費がかかってしまって利益率は下がってしまった。

　仮にライバル企業の製品・サービスと全く同じものを提供
したとしたら、差がつくのは結局はコストということになり
ます。これは規模の経済性が働く大企業にとっては有利です
が、その他の企業にとっては面白い話ではありません。
　そこで必要になるのが差別化、すなわち「他社との違い」
を作り出し、その違いで顧客に選んでもらうことです（なお、
入手可能性や入手の容易さも差別化の要因となりますが、こ
れも通常は大企業が有利になりますので、ここではいったん
捨象します）。

差別化については、全く考えていない経営者はほとんどいないのですが、それでも効果的でないことは多々あります。典型的なパターンをご紹介しましょう。

よくあるのは、その**差別化が多くの顧客に響かない**というパターンです。たとえば極端な例ですが、納豆味のアイスクリームは確かに斬新ですが、おそらく評価する顧客は少ないでしょう（もちろん、頭の中で決めつけるのではなく、顧客に聞いたり、他の工夫と重ね合わせることができないかを検討することも重要ではありますが、やはりニーズは小さいでしょう）。

チョコレート味やバニラ味、メロン味は確かに差別化が難しいですが、ボリュームが出るということはやはりそれが好きな人が多いということです。ビジネスとして成功できるだけの顧客数に響き、かつ**ライバルが簡単にまねできないような差別化でなくてはビジネスとしてはあまり儲かりません**。「違う」というだけでは差別化とは呼べないのです。

その差別化が既存製品や他社の製品と明確に分かるということも大切です。たとえば家電メーカーなどは、新製品を出さないと棚取り競争の激しい大手家電量販店で「棚落ち」してしまいますから、必死になって何かしらの新しさを追求しています。しかし、実際に観察してみると、まさに棚落ちを避けるための差別化、言い方を変えると家電量販店の販売員が「新商品です」と言えるためだけの差別化になってしまっており、エンドユーザーにはほとんど意味がないということ

も少なくありません。これでは俗に言うラットレースになってしまい、お互いの体力を削ぐだけです。チャネルももちろん自社の顧客として重要ですが、やはりエンドユーザーに響く根源的な差別化がないと「**差別化のラットレース**」から逃れられないのです。

これと似ていますが、差別化がどんどん細部に向かってしまうというのもよくある話です。扇風機なら風の揺らぎが微妙に心地いいといったものです。ただ、これでは劇的な成功につながりにくいでしょう。

ダイソンの「羽根無し扇風機」のようなイノベーティブなものはあらゆる消費者が気が付きますが、ほんのちょっとした差別化だけで勝てることはなかなかありません。やはりそれまでのものとは「明らかに違う」何かが望ましいのです。

とはいえ、「iPod」や「iPhone」のような劇的な差別化は難しいものです。自分たちだけしかいない市場を作りだす「**ブルー・オーシャン戦略**」では、何かの要素を極端に追加したりカットすることを提案しています。ただこれも有名になりすぎましたし、現実にブルー・オーシャンが続く期間は長くはありません。特許や入手が難しい経営資源などに裏付けられていない差別化は、やはり研究され、ある程度は模倣されるのです。

こう考えると、実は製品・サービスそのものでの差別化で勝てる領域が実は少ないのではないかという仮説も出てきま

す。むしろ、徹底した実行力（スピード感、PDCAの徹底など）を追求する方がいいのかもしれません。つまり、「ライバルも似たようなことを考える」という前提に立ち、彼らが追い付くよりも先にどんどん先に行けるような組織の体質をつくるということです。

　圧倒的な差別化をしようとしてニッチすぎる領域に嵌り込んでしまう、あるいは「最後のモノやサービスで差別化すべき」という発想自体が、脱却すべき呪縛なのかもしれません。安易に「この新製品、差別化ができていないねえ」などと批判するのは必ずしも好ましくはないのです。

HINT

ダークサイドに墜ちないためのヒント

①市場性を常に意識する

②改めて顧客の視点に立つ

③スピーディな模倣を尊重する文化と体制をつくる

Chapter2 戦略・マーケティングのダークサイド

Case

17

成長の加速やリスク分散の利点を
享受するには条件がある

多角化

現在の事業とは異なる事業を新たに手掛け、成長を図ること。企業にとって
リスクを減らしつつ成長を図る分かりやすい方法

失敗例

株主からの成長圧力もあり、コンサルタントを雇って相談したところ、「現在の
事業のみでは成長に限界があるので多角化しましょう。お手伝いしますよ」と言
われた。彼らのアドバイスに沿って多角化を推進した結果、確かに人員も増え、
売上げも大きく増えた。ただ、成長率という観点ではいいのだが、利益率は下
がってしまい、株価もむしろ従前より下がってしまった。何が良くなかったのか。

　どのようなビジネスであれ、1つの事業のみでは必ず成長
の限界が来ます。特に上場企業や、VCから投資を受けたベ
ンチャー企業などでは、企業として成長しないわけにはいき
ません。そこで必要になるのが多角化です。多角化にはいろ
いろな定義がありますが、ここでは最も有名な**アンゾフの事
業拡大マトリクス**をご紹介しましょう。

　このマトリクスのうち、広義での多角化は左上以外の3
つの象限を指します。狭義の多角化は右下の「製品も市場も
新しい」というもので、通常は最もハードルが高くなります。
ただ、それでもこの狭義の多角化にチャレンジする企業は少

図13 アンゾフの事業拡大マトリクス

		製品	
		既存	新規
市場	既存	**市場浸透** ・マーケットの拡大 ・製品使用度の増大 　-使用頻度の増大 　-使用量の増大 　-新用途開発	**新製品開発** ・新たな属性の追加 ・生産ラインの拡張 ・新技術(新世代) 　製品導入
	新規	**新市場開拓** ・地域的拡張 ・新たなセグメントへの 　拡張	**(狭義の)多角化** ・市場／製品共に 　新たな領域への参入 ・新規事業

なくありません。たとえば日本で最大の時価総額を誇るトヨタ自動車も元は織機の会社が多角化事業として車の製造を始めたわけであり、それが今や世界を代表する自動車メーカーとなったわけです。

　ところでなぜ企業は多角化「しなくてはならない」のでしょうか？　先述した、成長が加速される以外に、以下のようなメリットがあります。

・ リスクが分散される
・ 組織に活気が生まれる。また人材の多様性なども生まれる
・ 強い新事業ができれば、それとの相乗効果が働くことで、本業がさらに強化される

　一番分かりやすい理由はリスク分散でしょう。たとえば自

転車部品という事業しかやっていなければ、自転車の需要が減ったら自社の売上げも停滞してしまいます。そこで自転車部品で著名なシマノは釣り具に多角化し、1つの事業の変動に翻弄されないようにしたのです。

　私鉄が不動産事業やデパート事業、アミューズメント施設事業、小売事業などに多角化するのも同様です。これは本業強化の狙いもあります。路線そのものではなく、路線周りのサービスを充実させることでその路線の魅力度を上げるというわけです。

　企業の事業の束を「事業ポートフォリオ」と呼びます。株式のポートフォリオ同様、「1つの籠に卵を入れない」ことでリスク分散を図っているのです。

　ただ、リスク分散はいいのですが、あまりに本業からの距離が遠い「飛び地」の事業を手掛けるのは問題です。アメリカではかつて「コングロマリット」という超多角化経営が流行ったことがありますが、最近では否定されています。むしろ手広くやりすぎると株価が下がるという「コングロマリットディスカウント」が生じることもあります。

　日本では近年、ライザップ社が主要事業のジムビジネス以外の事業を多数買収しましたが、いくつかはすぐに手放しました。

　なぜ飛び地のビジネスをやることは好ましくないのでしょうか？

　1つは単純に管理が難しくなるからです。たとえばソニー

は原点ともいえるエレクトロニクス事業を続けつつも、銀行や保険という金融事業、あるいはゲーム、さらには映画や音楽事業も持っています。そして、各事業のことは各事業の責任者に権限移譲されており、企業のトップがこれら全体を見て適切な資源配分等を行うのは非常に難しいでしょう。それぞれビジネスの「勘所」が異なるからです。実際、ハリウッド出身のストリンガー氏がCEOだった頃のソニーは「解体論」が出るくらい苦戦していました。

　株主から見ても、企業におかしな事業ポートフォリオを組んでもらう必要はありません。たとえばユニクロなどを展開するファーストリテイリングに銀行業をやってもらおうと考える株主はいないでしょう。

　株主の観点からすれば、アパレルよりも銀行事業が有望と考えれば、アパレルの株を売って銀行の株式をポートフォリオに加えれば済む話です。投資先企業の事業のポートフォリオを組みかえるよりも、株主が保有している株式のポートフォリオを組みかえる方が桁違いに簡単ということです。株主から見ると、シナジーが効いてお互いが高め合わないような多角化はむしろ困りものなのです。

　多角化をマネジメントする人員や資金の不足、言い換えれば経営資源の分散を招くという問題もあります。すでに強いポジションを持つ他企業を買収するケースなどでは話は多少異なりますが、自社で新規事業を始めるには、ある程度の能力を持つ優秀なリーダーや一定レベル以上のスキルを持つス

タッフが必要になります。しかし、どのような大企業であっても、そうした優秀な人材は豊富にはいないものです。

　企業によっては、既存の事業部門が優秀な人材を囲ってしまい、そうした新事業に人材を供給しないということも起こりがちです。また、より悪いケースとしては、余剰人員やファーストトラック（俗に言うエリートコース）を外れた人間に新事業開発を任せるということもあります。本来、新事業を作るのは難しい営みですから、エース級の人材こそが必要なはずです。しかし往々にして、そうした人材が供給されず、かえって問題を抱えてしまうことも少なくないのです。

　冒頭の例では、実際にどのような多角化をしたのかは分かりませんが、コンサルティングファームも商売ですから、多少飛び地的なビジネスであっても、分散事業（競争の変数が多く、全国シェアがそれほど重要でないビジネス）や、市場の導入期のビジネスといった、「やりようによっては勝てるビジネス」への進出を提案したのかもしれません。しかし、売上成長の観点からは有望であっても、それが本当に効果的な成長につながるのか、かえって経営者の負担を大きくしないかなどには注意が必要です。

HINT

ダークサイドに墜ちないためのヒント

①一企業としてマネジメントできる範囲の多角化なのかを精査する

②新事業が既存事業にどのようなメリットをもたらすかを慎重に検討する

Chapter2 戦略・マーケティングのダークサイド

Synergy

Case

18

効きそうで効かない
「範囲の経済性」の正体とは

シナジー

2つの事業を同時に行うことで、1つずつ事業を行う時の和以上の利益を上げられるような効果。相乗効果。多角化の際に特に注目されるプラス効果

失敗例

社内で議論し、シナジーが効くだろうということでこの事業を始めたのだが……。
売上げも思ったほど伸びないし、全然儲からないのはなぜだろう？　シナジーが
効くはずではなかったのか？

　　先に多角化の話をしましたが、コングロマリットディスカ
ウントの罠を避けるためにも、事業間にシナジー＝相乗効果
が働くことがある意味で前提です。
　　シナジーは、事業経済性の**「範囲の経済性」**と基本的に同
義です。シナジーは俗に「1＋1が3になる」などといわれ
ますが、範囲の経済性は事業間でコストが共有できることに
より、「1と1のコストを足しても1.5で済む」ということ
です。たとえば生理用品と使い捨てオムツ事業は吸水体に関
する技術の横展開や原料の購買に強く範囲の経済性が働くた
め、単独でやるよりも同時にやった方がいいビジネスの典型

図14 | 範囲の経済性

です。ユニ・チャームや花王などはそれを実践しています。

ただ、「シナジーが効くから新規事業をやろう」は時として危険な発想でもあります。実際、多くの企業において「シナジーが効くから」と思いこみ、撃沈した新規事業は数知れません。ここでは「シナジーが効くはずなのに」で失敗するパターンを2つ紹介します。

1つ目は、シナジーが実際には効かないのに効くように錯覚してしまうというパターンです。これは82ページで説明した、「自社の強みが本当に通じるか」という話と根源は同じです。

たとえばある大学受験予備校が、有名小学校受験の塾をやったとします。この事業間でシナジーは働くでしょうか？ 現実にはかなり微妙でしょう。まず教える内容がかけ離れていて、教材や指導法のノウハウを共有することはかな

図15 │ シナジーの効き

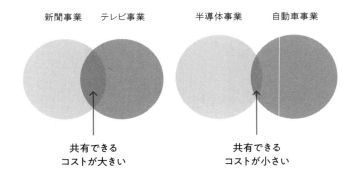

り難しそうです。マーケティング面でも、アプローチする対象が異なり、媒体も異なってきそうですから、共有できる部分は小さいはずです。机などの設備も、高校生（あるいは浪人生）と幼稚園児では当然同じものを使うのは難しいでしょう。

　もちろん、小さい部分を見れば、総務・人事部門の人員を共有できる、文房具を共有できる、名門小学校に入った人間が高校生の受講生としてまたやってくるかもしれない、といった要素はありますが、全体に関して言えばかなり限定されたシナジーとしか言いようがありません。

　シナジーは、先の「生理用品と使い捨てオムツ」のように、どのくらいコスト（あるいは投資）を共有できるかが重要なポイントです。ほんのちょっとしか共有できないようではそれはシナジーとは言えないのです。

　他にも、「良い営業チャネルがあるので別の商品も売って

もらおうとしたが、販売スキルが追い付かなかった」「場所を共有できるはずだったが、ターゲットがそれぞれ男性と女性で、同じ場所を使うことを良しとしなかった」などで、シナジーの効きが予想より低かったという例は少なくないのです。

もう1つは、シナジーに油断してしまうというケースです。新しい事業を始める際、シナジーが効くのは良い話です。しかし、シナジーはビジネスで勝つための必要条件でも十分条件でもありません。他の事業の助けはあったとしても、その事業に本気で取り組まなければ勝てるものも勝てなくなってしまいます。

シナジーとは、競走に例えれば、スタートラインを少し前にさせてもらっているようなものです。確かに有利ではありますが、しっかり走らないとやはり勝てません。

たとえば通常、ビール事業と清涼飲料事業はシナジーが効きます。その中でポッカサッポロは中位に甘んじています（旧ポッカの商品を除くとシェアはもっと下がります）。

1987年にアサヒビールが「スーパードライ」を出す前まではサッポロビールはビール業界でアサヒを大きく上回る2位でしたから、その時期にもっと清涼飲料に力を入れていれば、先行されたとはいえ（さらには「三ツ矢サイダー」の販売権を握られたとはいえ）、アサヒ飲料の後塵を拝することはなかったかもしれません。

逆に、シナジーが効かなくても時流に乗り、ビジネスにしっかり取り組んで成功した例も少なくありません。たとえばDHCは元々大学向けの翻訳事業をしていた会社ですが(DHCは「大学翻訳センター」の頭文字です)、サプリや化粧品事業にしっかり取り組んだ結果、成功を収めました。

92ページで触れた「飛び地」的な事業ではあるのですが、市場性があり、成長初期でマネジメントできる範囲であれば、挑戦してみる価値はあるということです。特に分散事業や特化型事業と言われる、規模以外の差別化ポイントが多数あるビジネスではそれがいえます。

「シナジーが効くはずだからこの事業をやるべきだ」あるいは「シナジーがあるからやって当たり前、勝って当たり前だ」という提言等は疑ってみる必要がありそうです。

HINT

ダークサイドに墜ちないためのヒント

①シナジーの効く大きさを精査する

②ライバルの動きを慎重にウォッチする

Chapter2 戦略・マーケティングのダークサイド

Case

19

正しく行えないと
「成功の復讐」などの機能不全を招く

選択と集中

自社の最も得意分野に経営資源を集中すること。経営資源を有効活用する方法論

失敗例

取締役会からもっと選択と集中をすべきとの提言を受けた。そこで業界シェアの低い事業などは売却し、集中を進めてきた。ここまでやっているにもかかわらず、利益率は横ばいに甘んじている。

　　一時期、「選択と集中をせよ」ということが日本企業の間で非常に大きなテーマになりました。これは勝てる（あるいは儲かる）製品や顧客、事業領域に絞り込めというだけではなく、垂直統合型を好む日本企業において、機能も絞り込んで強い部分に特化せよという意味合いも含まれていました。その背景には、売上高経常利益率やROE、ROIC（投下資本利益率）などの収益性、効率性を示す指標が特にアメリカ企業に比べて低かったという事情がありました。

　　企業の経営資源は限られていますから、それを絞り込むと

図16 | バリューチェーンとレイヤー（層）の絞り込み

いうのは一見理に適っているようです。しかし、これまでに議論してきた多角化やシナジーと相反する面もあるため注意が必要になってきます。事実、そうした面や、それ以外の理由で選択と集中に失敗した企業は少なくありません。

よくある失敗は、集中した領域に関する判断ミスです。たとえばある企業は「儲からない」という理由でAという製品を止めてしまいました。財務的には正しいと思えるこの判断はどこが悪かったのでしょうか？

このケースでは技術の伝承が疎かになってしまったのです。メーカーにおける技術（特にサイエンス領域ではない、「匠」系の技能）は、暗黙知的に伝わっていくことがありますので、一度止めてしまうといざ必要な時に取り戻そうとしても難しいのです。十数年に一度しか本業の仕事がない宮大工が、別の（儲からない）仕事で技術を伝承していく工夫とは逆のこ

とをしてしまったわけです。

　競争状況の見誤りという例もあります。たとえばシャープは液晶にかなりの集中を行いましたが、そのタイミングで需要が冷え込んだことに加え、ライバルとの差はあまりなくなっていました。その結果、同社の業績は下降線をたどってしまったのです。

　中途半端な集中というケースもよくあります。実際に日本企業の集中と選択を見ると欧米企業に比べて中途半端ということが古くから研究結果でも示されていました。その理由としては、特にアメリカ企業と違って人員を削減しにくいなどもありますが、つまらない社内のしがらみということも多かったようです。
　たとえば本来はA事業から真っ先に撤退すべきなのに、社長の肝いりでスタートしたため、社長が引退するまでは切りにくいといったことです。**経済合理性よりも取締役会の「声の大きさ」で物事が決まることも少なくありません。**取締役会等のガバナンスの緩さは、これをさらに助長します。

　いわゆる「成功の復讐」による機能不全もよくあります。本来であればこれから有望で自社が勝てそうな事業なりにフォーカスすべきなのですが、多くの企業ではそれまで企業を支えてきた本業に固執する傾向があります。本業はただでさえ上記で示したように社内の「声が大きい」ことに加え、サプライヤーやチャネル、顧客などとの関係を一掃するのも

難しいという難しさがあります。

　その典型はコダックで、1990年代から本格化したデジタル革命の中でも、同社に長年高収益をもたらしてきた銀塩フィルムにこだわってしまい、十数年後に連邦破産法の適用申請をするに至りました。その背景には、過去のあまりに大きな成功に加え、コダック製品の売上げや現像で儲けていた流通チャネルからの「変わってほしくない」という声も影響したとされます。

　現在の本業ではなく、未来の本業が何かを意識するのは容易ではないのです。

HINT

ダークサイドに墜ちないためのヒント

①ポジショントークにならないよう、「無知のヴェール」の状況に自分を置いて考える。「無知のヴェール」は、現実の自分のポジションを離れ、自分がどの立場にもなりえると考える思考法

②事業間の連携や、捨てることのリスクにも意識を払う

Chapter2 戦略・マーケティングのダークサイド

Corporate Acquisition

Case

20 時間を買うのは簡単ではない

買収

他企業やその事業を買い取ること。ビジネスのスピードアップや急拡大する上で有効。近年、日本でも件数が増えている

失敗例

投資銀行から勧められた買収を実行した。企業価値評価にあたっては、それなりのプレミアムも乗せ、安くないフィーも支払った。そこまでして行った買収だが、少なくとも、1年経った現在、買収の効果が出ているとは言い難い。

　買収の典型的な目的は、1）独自に事業を進めていてはノウハウ獲得などに時間がかかりすぎてしまい競争上好ましくない場面で、時間を買うべく他社の経営資源を手に入れる、2）規模の経済性や範囲の経済性が効く場面で、規模を得るべく他社の経営資源を買う、ことです。

　特にアメリカでは多用されており、企業の名称が変わった、親会社が変わったなどという例は本当によく起こります。筆者がかつて所属していた欧州系企業は、現在、著名な米系企業の一部門になっています。

買収は、提携（アライアンス）などに比べると、締結までに時間こそかかりますが、いったん合意に至れば提携よりもコントロールが働きやすい分、パワフルといわれています。近年では、日本企業でも自社の時価総額以上の会社を買収する「小が大を飲む」といった買収も目立つようになっています。

さて、これだけを見れば買収は効果的にも見えますが、実際には失敗例の方が多いとされるのが買収です。ありがちな失敗パターンは次の3つです。

第一は、**予想したシナジーが生まれない**というものです。買収に当たっては、被買収企業単独の企業価値に、一緒になることで生まれる価値＝シナジーが上乗せされた価格がつくのが通常です。ただ、それまで他企業だった組織とのシナジーは、「勝手に生まれるもの」ではありません。適切なコミュニケーションや組織体制を作るなど、シナジーが生まれる努力を適切に行ってこそ初めて最大限に引き出されるものです。しかし、古今東西を問わず、多くの企業はこのシナジーを高く見積もりすぎてしまい、「高値掴み」をしてしまうのです。その結果は、数年後ののれんの減損という形で表れることになります。

では、そうした事実が積み上がっているのに、なぜ企業はいまだに失敗し続けるのでしょうか？　1つは競争からのプレッシャーです。勝つためには背に腹は替えられないという思いが強すぎると、シナジーを過大に見積もる傾向がありま

す。また、人間は「せっかくのチャンスを逃すのは後で後悔する」と思う傾向がありますから、目の前に持ってこられた案件を「まず買収ありき」で考えてしまいがちなのです。

案件を紹介する企業（銀行や投資銀行など）ももちろんとんでもない案件を紹介すると自社のブランドを棄損しますのでそれはないまでも、やはり彼らも商売ですから、ある程度好ましそうな案件では、より大きな手数料を得るべく、「シナジーは効きます」といったトークをしがちなのです。

第二の理由はデューデリジェンス（事業等の適正さに関する調査）のミスです。国内企業の買収はまだマシなのですが、海外企業の買収については、大企業であっても、後でとんでもない瑕疵が判明したという事例には事欠きません。後悔先に立たずです。どこまでの費用や時間を許容するかはケースバイケースですが、やはり拙速は避けたいものです。

第三の、そして最も大きな落とし穴はPMI（合併後の統合プロセス）です。特に大きな壁になるのは組織文化の擦り合わせです。日本電産のように買収に慣れており、かつ彼ら流のやり方を被買収企業に徹底するノウハウを持っている企業もありますが、日本では例外的存在です。

多くの企業にとっては、買収は滅多にない出来事ですし、似たような規模の場合、組織文化の衝突が起こるのはある程度仕方のない部分もあります。だからこそ、双方トップの強いリーダーシップや、巧みな人事施策がないとうまくはいか

ないのです。

　近年では、最初から組織文化の融合についてはある程度妥協し、ほぼ別企業としてそのまま運営する場合も少なくありません（阪急と阪神など）。ただ、それでは2社が一緒になった意味が大きく削がれてしまいます。やはりトップがリーダーシップを発揮できない企業が買収に手を出すのは、仲介業者を儲けさせるだけになると思っておく方がいいのかもしれません。

HINT

ダークサイドに墜ちないためのヒント

①戦略上の必然性を多様な視点で議論する

②組織のハード面（戦略や組織構造など）以上にソフト面（企業理念や組織文化など）の相性に目を向ける

Chapter2 戦略・マーケティングのダークサイド

Needs

Case

21

顧客の要望に応えることが
企業を窮地に追い込むことに

ニーズ

顧客が望むこと。マーケティングの第一歩となる。なお、厳密には個別商品
が欲しいということはニーズとは言わず、ウォンツという。たとえば「メガネが
欲しい」はウォンツであり、根源のニーズは「（近視の人が）ストレスなく目
が見えるようになりたい」ということである

失敗例

弊社の創業者のモットーは「顧客のニーズに応えよ」だ。それは2代目の社
長になった今も変わらない。顧客のニーズに応えることはビジネスの基本であり、
愚直にそれを行い続けているのだが、業績を見るに、最近は芳しい結果が出て
いない。

　一般論として、顧客ニーズにマッチしていない製品・サー
ビスは売れませんから、顧客からキャッシュを得るためにも、
彼らの要望、ニーズを理解し、それにある程度しっかり応え
ることは企業経営の基本といえます。ただ、そこにも失敗は
起こりえます。

　よくある失敗例は、あらゆる顧客の要望を高い次元で満た
そうとしてしまうことです。消費財の場合は、顧客数が多い
ため、すべての顧客の要望を満たそうとは最初から考えない
ことが多いのですが、BtoBのビジネスでは顧客を固有名詞

で特定できることが多いため、往々にして企業は顧客企業の個別ニーズに馬鹿正直に応えようとしがちです。

特に、現場の営業担当者は、そうしないと取引を縮小、あるいは切られかねないという恐怖感を常に持っています。これが、顧客企業の無理難題に応じてしまう土壌になります。

収益性の高い企業は、こうした罠を避けるべく、個別対応は極力減らして標準品、標準デリバリーを維持しつつも、「ここだけは」という場合のみカスタマイズに応じています。また、標準品を組み合わせることで、顧客から見た場合にはカスタマイズしているように見えるという工夫もしています。

顧客の要望を聞き入れることが企業を窮地に追いやる別の例として、ハーバード大学のクレイトン・クリステンセン教授が提唱した「イノベーションのジレンマ」を挙げることもできます。業界の上位にいるような優良企業は、重要顧客や先進顧客の要望には敏感になり、それに応えようとするものです。そうしている間に市場の片隅で破壊的イノベーションが生じることがあります。それらは、最初は品質も低く、優良企業から見るとおもちゃのようにしか見えないため、無視することになりがちです。しかし、破壊的イノベーションは徐々にレベルを上げ、気がついたときには市場の多くの人々に受け入れられるようになります。その時には優良企業は過剰スペックになってしまっており、費用対効果が見あわず、一部の顧客にしか相手にされなくなってしまうのです。

顧客の要望を聞き過ぎることがデメリットをもたらす第三の例は、超ラグジュアリー製品(超高級時計など)やアート(音楽など)に関わる分野における顧客への迎合です。こうした分野では、提供者側の強烈な個性、もっと突っ込んで言えばエゴイスティックなまでの自己表現こそが提供価値につながり、成功の源泉となることがあります。

　そうした業界ですでに成功している企業やプレーヤーが、なまじ多くの人々に受けようとすると、かえってエッジが削がれ、平板なものとなってプロダクトとしての魅力を失ってしまうのです。

　たとえば、(初期は別として)ビートルズはひたすらわがままに自分たちのやりたい音楽を追求したからこそ、いまもその作品は輝きを放ち、多くの人々を魅了し続けているのです(なお、こうした業界で成功した企業やプレーヤーはそもそも一握りであり、その後ろに死屍累々の敗北者がいることを忘れてはなりません)。

　「顧客の要望に応える」という一見自然に思えることが、状況によっては大きな危険性をはらんでいることは理解しておきたいものです。

HINT

ダークサイドに墜ちないためのヒント

①目の前の顧客の要望に応えたくなる誘惑に簡単に負けるので
　はなく、いったん視座を上げ、経営的な観点から物事を見る

②目の前のニーズではなく、顧客の生の声に多面的に触れるな
　どすることで、次に生まれそうなニーズにも目を配る

Chapter2 戦略・マーケティングのダークサイド

Customer Satisfaction

Case

22

高い値を示しても
実態を反映していないことがしばしば

顧客満足

顧客が事前の期待値を超え、満足を感じた状態。マーケティングの重要課題
の1つで、さまざまな良い効果をもたらす

失敗例

昨年から、顧客の満足度調査を始めた。前四半期の顧客満足度は5点中4.2
とまずまずだった。しかしその割にはリピート需要に結びついていない。なぜだろ
う?

　　顧客満足（CS）は、一般的には高いほど良いとされ、「CS
を高めることは最も費用対効果の高いマーケティングであ
る」といわれることもあります。CSが上がることの一般的
なメリットは以下の通りです。

・ リピートしてくれる
・ 他の製品・サービスも利用してくれるので客単価が上がる
・ 良い口コミを広めてくれる
・ 値下げ圧力が減る
・ ブランドスイッチをあまり考慮しなくなる

・ 有意義なフィードバックをくれる

　これらが相乗的に働く結果、少ない費用で多くの売上げに
つながるというわけです。特に昨今ではネットで誰でも発信
できる状況が生まれていますから、以前よりも口コミの意味
合いが大きくなったといわれています。

　ではなぜ冒頭のケースで満足度が5点満点で4.2もある
にもかかわらず、リピートにつながっていないのでしょう
か？　いくつかの落とし穴が考えられます。

　第一に、製品・サービスの利用者全員が答えてくれないよ
うな場合です。通常、アンケートに答えてくれないような人
はあまり高い満足度を示しません。そういう人が分母から
除かれた結果、見た目のCSは高くても、実際のCSはそこ
までもないのです。筆者が知っている例では「満足度が4
未満の人はアンケート用紙に書かなくてもいいです」などと
誘導するセミナーのケースもありました。これでは当然、正
しい判断はできません。

　製品・サービスのコア以外の要素が影響することもありま
す。たとえば営業担当者との人間関係が強くなってしまうと、
あるサービスがあまり好ましくないと心の中では感じたとし
ても、正直に「3」などと付けにくくなるのです。

　高いCSの効用であるリピートによりダイレクトに着目す

図17 | NPS

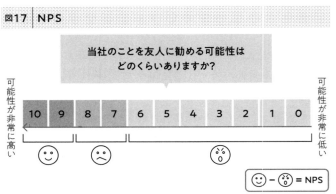

出典:ロブ・マーキー著
「中国のアップルストア:彼らが偽造出来ないもの」DHBRオンライン 2013.10.18

るなら、5点満点中4.2という数字を高く評価しすぎているという側面もありそうです。4.2という数字は100点満点なら84点と錯覚しがちですが、最低点は1点ですから、100点満点に直すと実は80点です。それでも十分に高そうですが、サービスのタイプによっては、「満足するのは当たり前で、感激、感動しないとリピートまではしない」というものもあります。他にライバルが多い商材は特にその傾向が強くなります。また、アミューズメントなどの「絶対に必要ではない『ハレ』のサービス」などもその傾向が強くなります。

ちなみに、顧客のロイヤルティを測定する別のスコアに**ネットプロモータースコア(NPS)**があります。NPSでは、「この製品・サービスを親しい知人に紹介しますか? 0点から10点で答えてください」という質問をし、0点から6点をマイナス1、7点と8点をゼロ、9点と10点をプラス1として計算します。そしてトータルの結果がプラスでないと顧

客のロイヤルティは低く、リピートなどにはつながらないと判断します。

100点満点で80点ということは、NPSに換算し直すとほぼゼロということです（厳密には質問が異なるのでそのままの比較はできませんが）。つまり、4.2というスコアは、絶対にリピートしたいと思えるラインよりは低いというわけです。

実はNPSにも、たとえば国民性によっては満足していても低くつける（例：イタリア人などはすごく満足しても7点くらいしかつけないなど）、そもそも知人に紹介したい人物がいない場合、低くつけるなどの欠点が指摘されています。ただそれでも、オーソドックスな満足度調査では掴み切れない実態を知ることに役立つことがあります。

顧客満足度は概念は単純ですが、単純だからこそ注意が必要です。

HINT

> **ダークサイドに墜ちないためのヒント**
>
> ①アンケートの全数を把握する努力をする。また、数字に表れない生の声を聞く
>
> ②数字の取り方の妥当性を確認する

Chapter2 戦略・マーケティングのダークサイド

Positioning

Case

23

企業の思惑と顧客の認識は
必ずしも一致しない

ポジショニング

マーケティングにおいて、自社を競合よりも優位に見せる行為。自社にとって
好ましい差別化の軸を選ぶのが鉄則

失敗例

弊社が打ち出しているポジショニング、なかなかイケているポジショニングだと思う
のだが、どうもライバル企業と混同されがちなようだ。なぜ消費者はそのような混
乱をしてしまっているのだろうか?

　　ポジショニングは、オーソドックスなターゲット・マーケ
ティング(マーケティング2.0)の中でも鍵となるアクショ
ンです。このマーケティングでは、分析による事業機会を踏
まえたうえで、「ターゲット顧客の選定−ポジショニング−
マーケティングミックス(4P:Product(製品に関する施策)、
Price(価格に関する施策)、Place(チャネルに関する施策)、
Promotion(コミュニケーションに関する施策))の考案・
実施」と進めます。ポジショニングはこの一連のプロセスの
中核になり、かつ競合との差異を顧客に植え付ける役割を持
ちます。

図18 ポジショニングの例

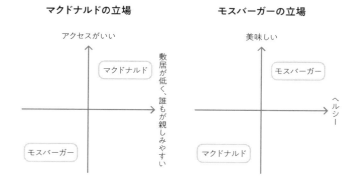

　たとえば、マクドナルドの立場ならモスバーガーを相手に図18左のようなポジショニングを行うでしょうし、モスバーガーの立場であれば、図18右のようなポジショニングが有効かもしれません。当然、顧客に提供される4Pもそれぞれのポジショニングに沿ったものになります。たとえば、マクドナルドが人の来にくい立地に出店するというのは基本的にないわけです。

　ポジショニングはここからもわかるように、競合との差別化の「意思」そのものです。ポイントは、**ポジショニングは「意思」であり、実際の顧客の認知とは異なる**という点です。その結果、実際には企業側のポジショニングと顧客の認知(パーセプション)が異なるということが起こります。

　その原因にはいくつかのものがあります。
　第一は、**そもそものポジショニングに無理がある**というケー

スです。たとえば中堅の飲料メーカーが新製品の緑茶を出して「本格的、日本的」とどれだけ訴求しても顧客にはなかなか伝わらないでしょう。そもそもそのポジションは伊藤園の「お～いお茶」やサントリーの「伊右衛門」が訴求しているポイントであり、後発のメーカーが同じようなことをしても文字通り「二番煎じ」にしかなりません。どれだけ広告代理店におだてられて広告を投下しても、実際のパーセプションは好ましいものにはなっていないでしょう。

　もちろん、広告を投下すればそれなりの効果はありますが、そのやり方が効果的なのは、追いかける方が大手企業で経営資源が豊富なケースです。業界下位の企業がそれをするとむしろ利敵行為にすらなりかねません。

　顧客が拘らないポイントを打ち出したポジショニングや、**細かすぎるポジショニング**もあまり伝わらない結果、顧客のパーセプションにあまり良い影響を与えません。たとえば、かつてアメリカの食器洗い用洗剤で「香り」は最も顧客が重視しないポイントだったにもかかわらず、あるブランドは「いい香り」を前面に押し出した広告を行っていました。その結果、好ましいブランドのイメージが根付かず、どんどんシェアを落としていったのです。

　ポジショニングとパーセプションが異なる第三の理由として、そもそも**パーセプションのチェックを怠る**というものがあります。初期から全くチェックしないのは論外ですが、初期に比較的狙い通りにいくと、その後のチェックが疎かにな

ることがあります。

たとえば最初は「早い、安い」を訴求して実際に顧客にそう認知されたとしても、どんどん競合も出てきますし、より人々のインパクトに残る差別化軸を打ち出してくるライバルが現れる可能性があります。そうなると自分たちは埋没して「One of them」になる一方、そのインパクトのある競合が市場でポジションを築いてしまうのです。

ポジショニングは、顧客の頭の中に有効な差別化イメージが残ってこそ意味があるわけですが、それは不断の努力や創造的なアイデアがあって初めて実現するのです。

HINT

ダークサイドに墜ちないためのヒント

①そもそも、顧客に響く軸かを検証する

②マーケティングミックスがポジショニングと整合しているかを確認する

③顧客のパーセプションを随時確認する。特に競合にキャッチアップされていないか、別の軸で優位な立場に立たれていないかという点に気を配る

Chapter2 戦略・マーケティングのダークサイド

Case

24

期待値だけ高まり実態が伴わないと
マイナス効果が働く

ブランド

他企業や他商品と区別できる特徴、「らしさ」のこと。最も重要な差別化要因となる

失敗例

広告代理店の勧めもあり、弊社のブランド認知を高めるべく、ここ1年、広告を大量に流してきた。しかし、投資額の割に、最新の業界紙のブランド調査によると、うちのブランドの評判は良くない。

　　ブランドはさまざまな意味を持つ言葉です。ネットで調べてみても「製品につける名前」「製品を識別するための記号」といった解説がすぐに見つかります。

　　事実、ブランドをネーミングのことと思っている人もいます。書籍の編集者であれば本の中身を問わず「東大流」や「ハーバード流」をタイトルにつけたがる人がその典型です。

　　しかし、当然ながらネーミングはブランドの極々一部にすぎません。「東大流」という書籍のネーミングは「東京大学」というブランドの威を借りているにすぎないのです。

ブランドは認知度とも違います。認知度は通常は高い方がいいですが、「悪名」として認知度が高くてもあまり意味がありません。「悪名は無名に勝る」という言い方もありますが、それも程度次第です。名前「だけ」が広がっても競争に勝てるとは限りません。

　真に必要なのはブランドの価値を高めることです。そうすれば自ずと効果的なプロモーションも可能になりますし、顧客のロイヤルティも高くなりますから、全体として利益率が高まっていきます。

　ではブランドの価値とは何でしょうか。学術的にはさまざまな定義がありますが、一言で言えばそのブランドの顧客への約束を土台とした「実力」です。かなりラフではありますが、**ブランドの力とはそのブランドの信用力、信頼度**と捉えると分かりやすいでしょう。なお、BtoC の商材の場合は「情緒的な好き嫌い」という要素が多分に入りますが、BtoB のビジネスでは、特にブランド≒信用力、信頼度という図式が当てはまります。

　たとえば、メインフレームがコンピュータ業界の中心だった 1970 年代頃のアメリカでは、「IBM のコンピュータを使って失敗しても、企業の IT 担当者の失敗にはならない」という言い習わしもありました。「あの IBM がダメだったら、他はもっとダメだ」という発想です。そのくらい IBM という企業ブランドはユーザーの間で信用されていたわけです。

では信用・信頼の背後に何があるかと言えば、その企業の技術力やノウハウ、人材の優秀さなどです。それらが実力につながり、実績になっていきます。実際にユーザーなどから「さすが」と思われるからこそ、そのブランドが定着していくのです。

今は高級なブランドとして知られる欧州のアパレルブランドなども、長年の戦いの中でライバルを打倒してきたからこそ高いブランド力があるのです。日本では、日本酒の蔵元などがわかりやすいでしょう。「越乃寒梅」などの有名ブランドは、「安定して美味しい」味を生み出してきたからこそ強いブランドとなっているのです。老舗の高級レストランなども、過去に安住するだけではなく、常にライバルに先んずるような新しい試みを続けてきたからこそ今の姿があります。

ではこうした実体が伴わないところで広告投資だけを行うとどうなるでしょうか？　広告などは人の関心を引くという意味では有効ですが、その表現の仕方によっては顧客の期待を高めてしまうことが少なくありません。顧客満足とは顧客の期待値を超えた状態ということもできますから、**人々の期待値を必要以上に上げてしまうことは、かえって CS 対策上はマイナスに働く可能性もあるのです**。

ブランドについては、多くの従業員が、自分には直接関係ないと思っているという問題も見逃せません。ここまで説明してきたことからも想像されるように、本来ブランドとは皆で高めるものです。ブランドは一部のマーケティング関係者

のみが考える問題であるという意識を取り払うことができていないと、実力はいつまでたっても伴ってこないのです。

HINT

ダークサイドに墜ちないためのヒント

①現在の自社のブランドの強さや顧客のパーセプションを正しく認識する

②ブランドの力を高める上で必要なものは何かを議論し、優先順位付けする

③ブランドの実力に即したクリエイティブを考える

Chapter2 戦略・マーケティングのダークサイド

Case

25

Win-Winのビジネスモデルに潜む
リスクとデメリット

フランチャイズ方式

本部が加盟店と契約を結び、商標やチェーン名称の利用、商品の共同仕入れ、経営ノウハウの提供などで便宜を図りフランチャイズフィーを得る方法論。他者の経営資源を有効活用して成長を加速できる方法として重宝されている

失敗例

弊社でも新しい試みとしてフランチャイズによる事業拡大を図ることにした。幸い、フランチャイジーの申し込みは結構多く、売上増にはつながった。一方で、フランチャイジーごとのサービスのばらつきが大きく、いろいろと問題が起きているようだ。

　フランチャイズ方式がよく用いられている業界としては、コンビニエンスストアや飲食店、学習塾などがあります。

　企業側（フランチャイザー）としては、加盟店のオーナーの経営資源を用いることで店舗数を増やし、収入を増やせるというメリットがありますし、加盟店（フランチャイジー）としては、特に個人の場合、一国一城の主となれること、自分で独自にノウハウや知名度を獲得しなくても本部の力を借りることができるなどのメリットがあります。

　これだけを聞くと双方にメリットがある Win-Win のビジ

ネスモデルのように見えますが、もちろんそんなに甘いものではありません。

フランチャイザーの立場からすると、フランチャイジーに対するマニュアルの整備や指導の徹底が甘いと、彼らが自己流でビジネスを提供してしまう結果、サービスレベルにばらつきが生じ、顧客満足度を下げることにつながりかねません。通常、フランチャイジーは正社員ではなく、アルバイトを主力とする業界が多いので、それがまた問題の難しさに拍車をかけます。

また2018年ごろにはアルバイトの店員がとんでもないことをした動画をSNSにアップする事例が増え「バイトテロ」などとも呼ばれました。これは自社のブランドイメージそのものを下げてしまうことになります。

かつてグロービスでも地方に関してはフランチャイズ方式で展開することも多少検討したことがあるのですが、我々が採用しているケースメソッドという教育方法は、講師の教え方をトレーニングするのが難しく、フランチャイズ方式では無理と判断し見送ったこともあります。

フランチャイジーの老化という問題もあります。通常、個人がフランチャイジーになるのは30代から40代くらいが多いものです。40代であれば最初は精力的に働けるのですが、年齢とともに働きはどうしても鈍っていきます。フランチャイズビジネスは立地が大事ということもあり、また人間関係もありますから、容易にスイッチというわけにもいきま

せん。その結果、「元気のない店」が増え、それがまたブランドイメージを削ぐことにつながってしまいます。

　フランチャイジーの側も、安易に「一国一城の主になれる」と考え、脱サラしてフランチャイジーになって失敗したというケースは少なからずあります。

　失敗例で一番多いのは、フランチャイザーの実力不足です。店を出したのはいいけれど、顧客がなかなか来ずに赤字経営を続けざるを得ない、かといって契約上、簡単にその解除ができないということは多いものです。また、当初は調子が良くても、顧客に飽きられてくると客足が鈍るという業態もあります。本部のキャッシュが潤沢でないと、商品開発や店舗への投資にもおカネが回らなくなってしまいます。その結果、ますますフランチャイザーが魅力的ではなくなっていくのです。

　フランチャイジーは往々にしてビジネスに疎いことがあるので、フランチャイザーの実力を正しく推し量らないと大変なことになりかねないのです。

　フランチャイザーとの契約が厳しすぎて疲弊するというケースもあります。たとえば24時間営業のコンビニなどは、確かに商品開発や指導などはしっかりしていますし顧客も来るのですが、24時間365日のオペレーションを回すのが非常に大変で、オーナー（通常は夫婦）が疲れ切ってしまうというケースもあります。また、フランチャイザーの方針次第ですが、顧客の多い地域には第二、第三の店を出店すること

も多く、フランチャイジー同士での競争を余儀なくされることもあります。フランチャイザーからすれば売上げの向上や配送の効率などを考えるとリーズナブルなことなのですが、こうした方針はしばしばフランチャイジー側との軋轢を生みます。

　突き詰めれば「弱すぎるフランチャイザー」では儲かりませんし、「強すぎるフランチャイザー」には頭が上がらず、ハードワークを強いられてしまいがちなのです。

　世の中にそんなにうまい話は転がっていません。フランチャイザーもフランチャイジーも、メリットばかりに目を向けるのではなく、リスクやデメリットをしっかり認識しておくことが必要といえるでしょう。

HINT

ダークサイドに墜ちないためのヒント

①そもそもフランチャイズに向くビジネスかをしっかり考える

②ビジネスの肝を適切にマニュアル化する

③鍵は人間関係。常に Win-Win の関係構築を意識し、モチベーション向上を図る

Chapter2 戦略・マーケティングのダークサイド

Web Marketing

Case

26

今後必須の取り組みだが、
うまくできている会社は少ない

ウェブマーケティング

ウェブを有効活用したマーケティング。ビッグデータの利用を含意する。IT時代に必須のマーケティング

失敗例

ここ数年、外部のコンサルタントを活用してウェブマーケティングを行ってきた。しかし、本当にコストに見合う効果が出ているかが分からない。クリック数やコンバージョンレートなどいろいろな分析結果は出してくるのだが、最終結果を上げるための施策までは提案してくれない。そうしたサービスを行う企業もあるようだが、そうした企業はフィーが高すぎて自社では払い切れない。現実の売上げは伸び悩んでいるし、このままでは払い損だ。社内で考えてやる方がいいのだろうか？

かつて、広告の主役はテレビでした。現代でも、シニア顧客向けや超マス向けにはテレビ広告は効果があります。しかし、こと若者や日常ITを用いているユーザー向けのマーケティングとなると、やはりウェブマーケティングの重要性が上がります。

ただ、このウェブマーケティングについて、自社は非常にうまくやっているといえる会社は多くありません。そこにはいくつかの理由があります。

第一に、通常ウェブマーケティングは外部の専門家に依頼

して行うことが多いのですが、**誰が本当にいい専門家かがわからない**ということがあります。

　一説には、この十数年間で、ウェブマーケティング関連のサービスやコンサルティングを行う企業は数十倍の数に増えたとされます。その中には大手企業もあれば個人コンサル的なものもあります。難しいのは、大企業の方がサービスレベルが高いとは限らない点です。確かにサイバーエージェントのような大手や著名広告代理店系の企業はシュアな仕事はしてくれますが、小さい企業であっても安くて優れたサービスを提供する企業は少なくありません。

　ただ中小企業の場合は、ある企業はコンテンツマーケティングに強く、ある企業はSEOに強い、また別の企業はランディングページの作成のノウハウがあるなど、得意技が分かれる傾向があります。それゆえどこに仕事を依頼していいのか迷うことになってしまいます。業界の変化も速いので、常に最適なベンダーを選ぶことが難しいのです。

　ウェブマーケティングが効果的にいかない第二の理由は、**社内に優秀な専門家がいない**という問題です。ウェブマーケティングといってもやるべきことは多岐にわたりますし、目的も微妙に変わってきます。事業部長や社長の意図をくみ取り、ウェブマーケティングを統括する人間がいることが望ましいのですが、多くの企業にはそのような人材はいません。そうした人材は、単にマーケティングに詳しいだけではなく、近年のITの進化の動向に関する知見、欧米の先進事例に関する知見も必要です。また、多くの人を巻き込むことになる

ので調整力も必要ですし、新しいやり方を構想する企画力も必要となります。

このようなスーパーマン／スーパーウーマンがなかなか一般企業に多くないのは想像がつくでしょう。仮にそのような人材がいたとしても、一企業の中でのキャリアアップを考えるのではなく、独立する可能性も高いと思われます。

結果として、どの能力も微妙にショートした人材が企画やとりまとめをしなくてはならなくなり、中途半端な結果になるのです。

さらに言えば、多くの企業ではこのような状況であるにもかかわらず、**経営陣や事業部長の理解が追い付いていない**ことも少なくありません。

ウェブやITの世界は進化も速く、それに追いついていくだけでも大変です。広告の勘所も、かつての「4マス（テレビ、新聞、雑誌、ラジオ）」とは全く異なります。それにもかかわらず、過去の延長線上でウェブマーケティングを捉えてしまい、必要な人材育成や権限移譲、コミュニケーションがとれなくなってしまうのです。

また、効果的なマーケティングを行うにはある程度整備されたデータベースなども必要になるのですが、効果を出すには相応の投資が必要になります。しかし多くの日本企業はこの投資ができていません。パッチワーク的なシステムでその場をしのいでいる企業が少なくないのです。

こうした結果よく起こるのは、営業をかけてきたベンダー

企業のサービスをつまみ食いしてしまうことです。自社内に一貫した方針があればいいのですが、通常の企業ではなかなかそこまでの方針や広告ポリシーがないため、ちぐはぐさが常について回ることになるのです。

ITの活用はこれからの企業にとって死活問題ですが、多くの日本企業はIT活用にもマーケティングの新トレンドにも後れをとってしまっているのです。

HINT

ダークサイドに墜ちないためのヒント

①信頼できる専門家のネットワークを作る

②会社として計画的にマーケティング人材を育て、また統一した戦略を構築し、適宜バージョンアップしていく

Chapter2 戦略・マーケティングのダークサイド

Big Data

Case

27

強力な全数データとAIによる
分析の意外な盲点とは?

ビッグデータ

超巨大で生成スピードが速い全数データ。宝の山として人々が注目している巨
大データ

失敗例

自社は人材関連ビジネスを手掛けている。ビッグデータを用いてクライアント企
業の「成功する人材」の要件を導き出したが、今ひとつピンとこない。たとえ
ばなぜ「内向的」な方が営業担当者に向いているんだろうか? やはりこれは
あてにならなそうだから提案から外す方がよさそうだな……

　近年、センサーの小型化や低価格化、それに伴う IoT(モ
ノのインターネット)の発達もあって非常に多くのデータが
手に入るようになってきました。これがビッグデータです。
ビッグデータの良い点は、抜き取りのサンプルではなく、1
人ひとりのありのままの全数データであり、行動データであ
るという点です。つまり、統計的なまやかしもなく、まさに
人々がどのように行動したかが手に取るようにわかるわけで
す。

　ビッグデータは通常のコンピュータのソフト(エクセル

134

など）やシステムでは太刀打ちできませんので、一般的には AI（≒機械学習）を用いて分析を行います。AI 専用のアルゴリズム、プログラムを作成し、ビッグデータに分析させ、予測などに用いるのです。

ここでよくある罠は、ビッグデータと言いながら、**多くの企業では本来のビッグデータがなかなか手に入らないこと**です。GAFA と呼ばれる IT ジャイアントクラスであれば、世界中からまさに瞬時で情報が集まります。カバレッジもかなり高いものになります。しかし、グーグルでさえフェイスブックの書き込みすべてを検索できないことからもわかるように、通常の企業が得られるビッグデータは、しょせんはその企業のサービスの中に閉じたものであり、特定人物の行動すべてを把握することはできないのです。

もちろん、それでも自社内のサービスを最適化できればそれでいいという考え方もあります。たとえば学習塾であればテストの答えの傾向や授業中の態度を観察することで、個々人にあつらえたサービスを提供し分け、生徒の成績を上げるなどです。

しかし、塾の成績なども実際には、塾の中で起こることだけで左右されるわけではありません。当然、塾外での学習態度や生活習慣、保護者からの働きかけなどによる影響も大です。本来はそこまで捉えたうえで個別にパーソナライズしたサービスが提供できればいいのですが、通常、そこまでの情報はとれないのです。ひょっとしたら「夕食に納豆を毎日食べ、食後 30 分から学習を始めると学習効果が高い」という

傾向があるかもしれないのですが、塾の中のビッグデータに閉じる限り、このような提案はできないのです（アンケートで把握するという手もありますが、精度は一気に落ちます）。ビッグデータは全数データと言いながら、実体は「限られた範囲の全数データ」なのです。

　AIを用いると、特に予測などで良い推奨をしてくれるのは事実です。その典型はアマゾンのレコメンデーションです。筆者の経験でも、確かに関心の高い商品のレコメンデーションをしてきます。それはアマゾンが非常に優れたアルゴリズムを持っており、また過去の購買履歴や閲覧履歴、検索履歴のビッグデータを保有しているからです。

　ただし、AIの弱点に、**「なぜそのレコメンドをしたのか、その計算過程が人間には理解するのが難しい」**という点があります。その結果、時には人間には理解できないレコメンドがなされることもあるのです。

　数千円の書籍の推薦くらいであれば大した問題ではないかもしれませんが、採用のように企業にとっても重要な活動で、かつ個人にとっても重要な活動において、「採用側も応募側もその理由が納得できない」というのは好ましい話とは言いにくいでしょう。

　これがたとえば「学生時代に数学と国語の成績が良かった人間は企画部で実力を発揮しやすい」「体育会に所属していた人間は顧客と人間関係を構築しやすい」という傾向であれば、人間の実感値にも合いますからいいのですが、冒頭に示

したように、「『内向的』な方が営業担当者に向いている」という予測が仮に出たら、「なぜ『外向的』ではなく『内向的』な方がいいんだ？」と戸惑う企業も多いでしょう。AI はそれには答えてくれないのです。それゆえ、本当は AI の方が正しくても、人間の直感に軍配を上げるケースも出てしまうのです。

また、ウェブマーケティングはまだマシなのですが、先に提示した採用という活動について言えば、先述した「限られた範囲の全数データにすぎない」という問題は常について回ります。ある程度の母数が集まればそれほど外れないという見方もありますが、そこにはやはり不確実性がつきまといます。AI の学習に用いたデータが本当に適切だったのかという問題もあります。

たとえば 2018 年秋には、アマゾンがまさに採用で用いたアルゴリズムが、それまでのデータを反映して男性に有利になっており、女性を排除しやすいものであることがわかりました。アマゾンは過去の応募者のレジュメ（履歴書）を参考に機械学習をさせていたのですが、それまでの応募者は男性が多かったため「Woman」や「Female」という言葉が入っているレジュメの点数を低くしてしまったということです。

このケースは気がついたからまだいいのですが、アマゾンクラスの高い IT リテラシーを持っていない企業がうかつにビッグデータを活用しようとすると、このようなミスを犯してしまう可能性もあるのです。

ちなみに、機械学習には、人種や国籍などの属性も反映し

てしまうため、差別を助長するという批判もあります。ビッグデータが拓く未来はひょっとするとバラ色ばかりではないのかもしれません。

HINT

ダークサイドに墜ちないためのヒント

①どの範囲（対象層、時間軸など）のデータを用いているか常に意識する

②目的に応じ、ビッグデータ +AI にどこまでの判断を任せるべきかを常に自問する

③ AI のバイアスのニュースには敏感になっておく

アカウンティング・ファイナンスのダークサイド

Chapter

3

Chapter3 アカウンティング・ファイナンスのダークサイド

Case

28

経営において「無借金経営」は
ほめられる状態ではない?

借 金

失敗例

銀行などから資金を借り入れること。 日本における伝統的な資金調達の方法

自分が経理部長を務める弊社は長くほぼ無借金経営でやってきた。しかし、財務を勉強した社長は、銀行からの提案を受け入れて、借金をして新規事業に投資しつつ、一部の現金は株主に配当で還元するという。本当にそれでいいのだろうか。確かにここ数年ずっと黒字続きとはいえ、うちのようなハイリスクの事業を営んでいる会社がそんなに借金を増やして大丈夫だろうか。確かに、昔から所有している土地が最近値上がりしているので担保価値は高いのだが。

―――――――――――――――――――――――――

「借金は好きですか?」と聞かれて「好きだ」と答える人間は少ないでしょう。特にビジネスパーソンではない多くの人間は、借金をしないで済むなら避けたいと思っているはずです。

　ただし、これはビジネスとは別の個人の場合の話で、企業になるとまた話は変わってきます。そもそも企業の借金（借入れ）は、住宅ローンや学資ローンと異なって、元本までを返済しなくてはいけないということはそうそうはありません。極端に言えば、**利息をコンスタントに払い続けられる限り、元本はそのまま残っていても何の問題もない**のです。

もちろん、経営が極端に悪化すると銀行から元本までの返済を求められることもあります。そうなると別の貸し手を見つけるなどして返済できないと、倒産という事態が生じてしまいます。

この「メインバンクからある日突然元本の返済を迫られ、それができないせいで行き詰まる」という印象が強いせいか、「借金をして万が一失敗したら」と考える経営者は少なくありません。特に経営が不安定な中小企業はそうです。そこで、借金は最低限に留め、コツコツと元本を減らし、最終的には無借金経営を目指す企業が少なくないのです。

しかし、本当に無借金経営はほめられたことなのでしょうか？　実はファイナンス理論に基づけば、無借金経営はいいことばかりではありません。

まず、無借金にこだわることは、成長の機会を逃す可能性を高めてしまいます。たとえばあるビジネスチャンスがあって、10億円の投資をすればそれが大きなリターンとなって返ってくる見込みが高いとします。一方、手元の余裕資金は10億円を下回り、投資のためには資金調達を必要とします。この時、「万が一」を恐れるあまり、借金をせずそのままの状態に留まることは、確かに倒産などに至るリスクは小さいかもしれませんが、「大成功」の可能性をも大きく減らしてしまいかねないのです。

倒産を避け、雇用を維持しながら堅実な経営をするというポリシーであればそれは決して非難されるわけではないですが、将来的には株式公開などを目指すのであれば、**借金がで**

図19 デットのコストとエクイティのコスト

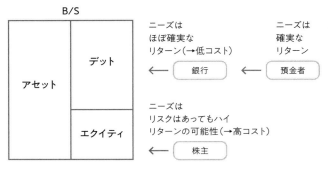

注：買掛金や社債などは割愛して単純化している

きるだけの体力や信用力があるときにそれをしないことは、成長の機会を自ら殺してしまっているようなものなのです。

　無借金経営はまた株主から見ると好ましくないという大事な見方もあります。これもファイナンスの理論になりますが、貸借対照表（B/S）における負債（デット）のコストは、実は純資産（エクイティ）のコストよりも低いのです。エクイティは配当を除けばコストがないように錯覚しがちですが、十分な利益を出さないと株価が下がり株主の不興を買うという意味で、実は非常に高いリターンが求められています（株式投資が貸付よりリスクの高い資金提供方法であることを踏まえれば、実はエクイティの方がコストが高いのは当然ではあるのですが）。

　この観点に立つと、株主は、機会があるのであれば、企業に借金をしてもらって事業機会を追求してもらう方が嬉しい

図20 最適資本構成

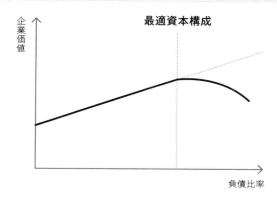

のです。

　あるいは、そうした事業機会がないというのであれば、借金をしてでも資金調達をし、配当を出すなり自社株買いをしてもらって株主に還元してもらう方がありがたいと考えます。**借金はコストが低いうえに、節税の効果もある**からです。

　図20に示したのは、**最適資本構成**という考え方です。
　図からもわかるように、借金の比率を増やすと企業の価値は上がっていきます。ただし、これが無限に続かないというところが難しいところです。どこかの段階を超えると、今度はやはり倒産のリスクが高まってしまい、結局は企業価値は下がってしまいます。
　このピークの場所が最適資本構成ですが、現時点ではこれを正確に求める方法論はなく、経営者の勘に頼る部分が大です。

冒頭のケースでは、主人公の経理部長は、リスクの高い事業を行っている会社が借金をすることに懸念を抱いています。実際、ファイナンスの理論では、リスクの高い事業を営む会社やベンチャー企業は、あまり借金を増やすべきではなく、エクイティの比率を増やすべきとしています。株式公開を目指すベンチャー企業が、その資金調達をベンチャーキャピタルや取引先の事業会社からの出資（エクイティ調達）に頼るのは、その意味で適切な資金調達方法なのです。

　日本企業は伝統的に借金を嫌う会社が少なくありませんでした。最適資本構成についても、「貸し手が優良企業に貸すための理論だ」などと言う人も少なくありません。一方で無借金は確かに行きすぎかもしれませんが、銀行も貸出先に苦労している昨今、確実な担保やキャッシュフローがある会社に貸そうと考えるのは自然な発想です。銀行が貸したいからといって、それにそのまま乗ってしまうようでは経営者失格です。

　借金は両刃の剣です。成長を加速することもあれば、大きな足かせになることもあります。本当に適切なレベル以上の借金を背負いこまされていないかを慎重に考える必要があります。

HINT

ダークサイドに墜ちないためのヒント

①基本的なファイナンス理論は自ら学ぶ

②金融機関の関心や動機を強く意識する

Chapter3 アカウンティング・ファイナンスのダークサイド

Accounting Policies

Case

29
財務諸表の数字は不変の事実ではなく、
一定の操作が可能

会 計 方 針

企業の財務状況を報告する財務諸表を作成する際に採用した会計処理の原則
や手続。基本的に法律に定められたものからの逸脱は認められない

失敗例

今期は営業利益が赤字になりそうだ。友人に相談したら、「工事の費用を先
延ばしすることで黒字にすることができる」と言っていた。ここ数年、赤字になっ
たことはないから、友人の言うとおりにするのが妥当だろう。

　　　会計や企業の数字に疎い人は、財務諸表に出ている数字は
「事実」であり、他の数字になり得ないと考える傾向があり
ます。私も経営を学ぶ前はそうでした。しかしこれは勘違い
で、仮に企業活動の実体が全く同じでも、会計方針の採用い
かんで最終利益は変わるのが一般的です。

　　　冒頭に法律からの逸脱は許されないと書きましたが、会計
方針には多少の「幅」、言い換えれば選択肢が設けられており、
みだりに変えない限りにおいては、企業に選択肢があるとい
う点が味噌です。

古くから有名だったのは減価償却の方法を**定率法**（初期に減価償却額が大きく、徐々に小さくなる）から**定額法**（毎年減価償却は同じ）に変更するといったやり方です。大きな設備投資の直後などは、これによって見た目の利益を上げることが可能になります。カルロス・ゴーン氏が日産に来た直後にもこの方法を用いて利益回復を演出しました（これだけではなく、他にもさまざまな手法が使われました）。

近年はもっと凝った方法が用いられる傾向があります。たとえば数年前に発覚した東芝の不正会計では、失敗例に示した「工事における赤字の先送り」が用いられました。工事においては通常、進行基準とよばれる「工事の進行に応じて売上げや費用を計上する」のが一般的です。このルールの急所は、工事が赤字になる見通しが生じた時点で引当金として全費用を計上しなければならないという点です。東芝は、明らかに赤字となる見込みの工事があったにもかかわらず、それを行わず、見た目の利益を上げていたのです。

「そんなことができるのか？」と思われる人も多いでしょう。実際に、監査法人から「これはまずいんじゃないの？」という指摘が入ることもあります。ただ、**監査法人はその企業からお金をもらう立場にあるので、強くは主張できない**という構造的な問題があります。中小企業に対しては厳しいことが言える監査法人でも、東芝ほどの大企業になると忖度が生じてしまうわけです。

特に近年の「利益かさ上げ」を含む「財務諸表を良く見せ

る」ための会計方針の変更は「予測」が絡むものが少なくありません。先述の赤字工事の引当金の費用計上もそうですし、税効果会計で用いる「将来の税率」などもそうです。将来の税率は本来だれもわからないので、常識を著しく逸脱しない範囲であれば監査法人も強くは言えません。

　退職給付会計も難しい問題を含みます。退職給付債務は当然適切なものを用いる必要がありますが、将来の支払い予想額を現在の価値に割り戻すための計算に、ファイナンスで用いる割引率の概念が入ってきます。これも企業ごとに決めることができることになっています。

　負債を小さく見せたい企業であれば、割引率を目いっぱい高くすればいいですし、逆の動機を持つ企業であれば、割引率を小さくすることも可能です。これも、「未来の事実」というものがない以上、常識を逸脱しない範囲であれば、修正を強く迫ることは難しいのです。

　本来、財務会計は、企業の実体を投資家に正しく報告するための会計です。しかし、株主等のプレッシャーにより「お化粧をしたい」という動機はしばしば生じます。真面目な会社、実直と思われていた経営者も往々にしてその誘惑に勝てません。むしろ、実直であるがゆえに、「利益を出さないとまずい」などという間違った動機で財務諸表を不必要に細工する傾向もあるのです。

HINT

ダークサイドに墜ちないためのヒント

①会計方針の基本的なバリエーションを知っておく。不正会計
　のニュースなどが出た場合にはそれをチェックする

②財務諸表を読む際には、財務3表の数字だけを見るのではなく、
　「重要な会計方針の変更」にも目を通す

③監査法人の変更に気をつける。往々にして監査法人が代わっ
　た理由に、「監査法人として責任がとりきれない」というもの
　がある

④ニュースなどで流れる企業の業績と財務諸表の数字に違和感
　がないかを考える

Chapter3 アカウンティング・ファイナンスのダークサイド

Case

30

グローバル企業への入場券だが
導入には大きな負担が伴う

国際財務報告基準（IFRS）

International Financial Reporting Standards

グローバルレベルで用いられている会計基準。経済のグローバル化に伴い、
日本でも導入する企業が増えている

失敗例

株式公開してしばらく経つので、会計コンサルタントの勧めもあり、IFRSの導
入をした。ただ、株主からはあまり評判が良くないようだ。先日も株主総会で「時
期尚早だったんじゃないのか」と責められてしまった。時代の要請に応えている
はずなのに……

　　日本の会計、言い換えれば財務諸表の作り方はこれまで**損
益計算書（P/L）**重視でした。つまり、各段階の利益――売
上総利益、営業利益、経常利益、税引前利益、税引後利益
――を対前年より高める、そして営業利益以降の４つの利
益については黒字を実現することが基本だったのです。

　　それに対し、IFRS（「イファース」と発音します）は、**貸
借対照表**を重視します。そして重視される利益は「包括利益」
と呼ばれるものです。これは今までの日本の会計が前提とし
てきた利益とは大きく異なります。IFRSでは時価主義も柱

図21 包括利益の考え方

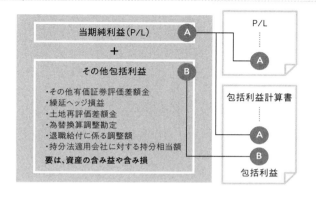

の1つとなりますので、たとえば日本方式のP/Lで赤字が10億円出ていたとしても、保有していた有価証券等の価値が30億円B/S上で向上すれば、包括利益は20億円のプラスとなってしまうのです。

また、IFRSではこれまでの**細則主義**ではなく、**原則主義**をとります。これはグローバルな会計ゆえの方針といえます。つまり、各国のルールをすべて統一するのは非現実的なので、IFRSでは大きな方向性のみ示し、細則は各国ごとに注釈として示すということです。

これだけでも頭の切り替えが必要なことに加え、細則の明記などが面倒くさそうという気がします。その通りです。そして面倒くささにはさらに続きがあります。

たとえばIFRSを導入するとなると、何年か過去に遡ってIFRS基準の財務諸表をつくらなくてはなりません。これは

投資家などの外部関係者は時系列の情報を見てその企業の経営の健全性等を判断するからです。つまり、2019年までは日本基準のみで示し、2020年以降はIFRS基準でのみ示すということはできないのです。

　そこでIFRSを導入した企業（通常は大企業です）の多くは、IFRS基準を過去に遡って作成するとともに、IFRS基準にした後も日本基準でも財務諸表を作ったりしています。日本の投資家にはそちらの方がわかりやすいからです。
　つまり現在は、それぞれ別の方式で財務諸表を作っている企業が多いのです。
　当然事務量は増えます。また、IFRSの方針は基本英語で通達されますから、英語の会計に堪能な人材も必要になってきます。そうした企業は、株式を公開している企業でもそんなに多くはないでしょう。

　なぜこんな面倒なことになってしまったのでしょうか？　もともとIFRSは2015年頃までには強制導入される予定だったのですが、世界最大のGDPを誇るアメリカの抵抗があったり、日本では東日本大震災などがあり、その導入がなし崩し的に遅れてしまいました。その結果、多くの企業はいつかはIFRSに切り替えなくてはならないと分かりつつも、期限が相変わらず不透明なため、日本基準を続けているのです。

　さて、冒頭に示した事例のような、リソースがまだ足りない成長期の企業がIFRSをいきなり導入するとどうなるで

しょうか？　単に事務作業が膨大になり経理担当者が混乱するのは当然ですが、人事考課などの面での現場の混乱も考えられます。

たとえば、カンパニー長や事業部長の評価は、これまでカンパニーや事業ごとの営業利益などで行われてきました。それがいきなり「包括利益をベースに評価を行う」となったら彼らも混乱するでしょう。IFRS は時価主義で減損に敏感ですから、本来であれば大きな利益を上げていたはずなのに、IFRS 基準ではのれんの減損で評価を下げるカンパニー長もいるかもしれません。それは当人の責任ではなく、前任者の判断ミスに起因するということも多いでしょう。

2019 年現時点で IFRS をいつまでに導入すべきかは未定です。「早く IFRS にした方がいいですよ」ということを言ってくるコンサルタントなどもいるかもしれませんが、本当に自社にそれがいま必要なのかは正しく見きわめる必要があるのです。

HINT

ダークサイドに墜ちないためのヒント

①自社の実力（リソース）と IFRS にする必然性（外国人投資家の割合など）を正しく評価する

②適切なタイミングで社員に研修をし、マインドセットを変えてもらう

③会計部門が独立してことを進めるのではなく、事業部や人事部門と強く連携する

Chapter3 アカウンティング・ファイナンスのダークサイド

Case

31

固定費の変動費化は
実はハイリスクな側面も

変動費

Variable Cost

短期のマネジメントサイクルにおいて売上高に比例して生じる費用。 変動費型
のビジネスは売上変動のリスクに対して強いとされる

失敗例

コンサルタントの友人から、固定費を削減して変動費化する方がリスクに強くな
るとアドバイスされた。そこでここ1年間、固定費を変動費化してきたのだが、
むしろ採算性は悪化してしまった。

　変動費とは製品の原材料費が典型的で、四半期などの短期
的なマネジメントサイクルにおいて、売上に比例して増減す
る費用です。それに対して固定費とは、正社員の人件費や減
価償却費は短期的には仮に売上が1円も上がらなくても発
生する費用です。変動費と固定費を把握しておくことは、損
益分岐点売上高を知ったり、売上・利益計画を立てる上で非
常に重要です。

　さて、仮に類似の業界で固定費型と変動費型のビジネスが
あった場合、通常、固定費型のビジネスは売上のリスクに弱

図22 | 変動費型のビジネスと固定費型のビジネス

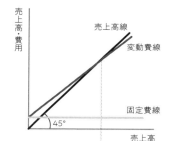
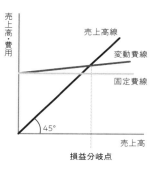

くなります。図22からもわかりますが、固定費型のビジネスでは売上が少しずれるだけで利益が大きく左右されるのに対し、変動費型のビジネスでは、損益分岐点を大きく超えてもそれほど利益が出ないのに対し、逆にそれを割り込んでも大きな損は出ません。個々の株価の変動の大きさを反映するβというファイナンスの指標も、同じ業界であれば固定費型のビジネスの方が高くなるのが通常です。つまり固定費型のビジネスにするということは、ハイリスク・ハイリターンにするということでもあるのです。

なお、これは比較的近い業界を比べたときの話であり、全く異なる事業を比べた場合には必ずしも当てはまらない場合もあります。たとえば流通業はビジネス特性として変動費が大きなビジネスですが、それは製造業でファブレス化したりオープンイノベーション（246ページ参照）をすることで人

件費や地代を変動費化したビジネスとは意味合いは異なるのです。

　さて、昨今は VUCA の時代ともいわれ、非常に見通しが立てにくい時代です。そうした時代に、固定費を変動費化してリスクを下げることは決して悪くないようにも思われるのですが、何が問題だったのでしょうか？

　考えられる原因はいくつかあります。まず、固定費の多くを占めるのは人件費です。正社員を減らし、外注化あるいは非正社員化することは、計算上はリスクを減らすことになっても、組織の間に軋みやコミュニケーションコストを生み出す可能性があります。

　特に、そのビジネスの鍵となる人材はそうです。たとえばいくらオープンイノベーションが叫ばれるからといって、製造業において研究開発を過度にアウトソースするのは、やはり長期的に見て好ましくはありません。リスク減以上にこうしたデメリットが増すようでは、せっかくの固定費の変動費化もうまくはいきません。

　変動費化が別のリスクをもたらすこともあります。変動費型のビジネスがリスクが小さいというのはあくまで「売上げの変動」に対してです。変動費には別のリスクもあります。

　それは何かと言えば、図 22 で言えば変動費線の傾きが変わる、つまり変動費の調達コストが変わるリスクがあるのです。さらに言えば、単に調達コストが変わるだけではなく、

入手可能性（アベイラビリティ）そのものが難しくなるという可能性もあります。

たとえばAIに関する人材を自社で持つのは難しいので、アウトソースしたとします。ところが昨今はそうした人材のニーズは高まっていますので、調達コストが急に上がる可能性がありますし、優秀な人はそもそも調達できないということも起こりうるのです。

実際、数年前には原油が高騰しました。エアラインのようにサーチャージで顧客に転嫁できた業界はまだしも、顧客にそれを転嫁できない企業は、一気に**限界利益率（売上げに対する、[売上げ－変動費]の比率）**が低くなり、損益分岐点が上がってしまったのです。

「リスクを下げる」は耳当たりの良い言葉ではありますが、完全な方法はやはりないのです。

HINT

ダークサイドに墜ちないためのヒント

①そのコストを数字としてだけ見るのではなく、実体を知る

②リスクのタイプが複数あることを知る。変動する可能性のあるものはすべてリスクであり、どのリスクが大きいかを正しく把握する

Chapter3 アカウンティング・ファイナンスのダークサイド

Case

32

利益率が高い商品を作ることが
正解とは限らない?

限界利益率

（売上高−変動費）÷売上高で表わされる値。この比率が高い方が、一定額
売りあげた場合の利益が大きくなる。利益計画に多用される

失敗例

ビジネス書には、「限界利益率の高い製品を優先して製造販売せよ」と書い
てあった。それを信じて限界利益率の高い製品の方を優先して作ったのに、
先輩の経営者からはそれは間違いだと言われた。

　そもそも「限界」という言葉は経済学においては
「Marginal」の訳であり、ある時点での微分した数を意味し
ます。昨今よく言われる限界費用ゼロとは、最初に一定の投
資をしてしまえば、あとはユーザーが何人増えようが、追加
のコストはほとんどなく、グラフ化したコストの曲線を微分
してもゼロになる（曲線の傾きがゼロになる）ということを
意味します。

　一方、会計（特に管理会計）で使う限界利益という言葉は、
「売上高−変動費」の「額」を指すのが一般的です。この差

はよく混同されるので意識しておいてください。そこで会計の世界では、限界利益の売上げに対する比率をあえて限界利益率と呼ぶのです。

さて、2つの製品を作って売るオプションがあったとき、限界利益率が高い製品を作ることは間違いがないように思いますが、何が問題なのでしょうか？　たとえば限界利益率が60％の製品Aと40％の製品Bを比較してみましょう。もし同じ1億円の額が売れるのであれば、それによる利益増は製品Aは6000万円、製品Bは4000万円となり、明らかに製品Aが上回っています。この計算のどこに問題があるでしょうか？

答えを言えば、「同じ1億円売れるとすると」という前提が必ずしも適切ではないのです。

同じ額が売れない可能性のその一は、市場性の問題です。つまり、そもそも1億円売れるかという問題があるわけです。もし製品Aの売上げがどれだけ頑張っても5000万円程度しか見込めないのなら、限界利益率が高いからと言って製品Aを優先して作るのは間違いです。製品Aは5000万円×60％＝3000万円の利益増にしかならず、製品Bに劣るからです。

もうひとつよくあるミスは、制約条件を見逃してしまうということです。仮に作った分はすべて売れると仮定しましょ

図23 製品Aと製品Bの比較

	製品A	製品B
限界利益率	60%	40%
追加100時間で作れる額	1000万円	2000万円 （1000万円× （100時間÷50時間））
追加100時間で生み出す限界利益	600万円	800万円

う。しかし、そもそも製品Aを作るかBを作るかで悩むということは、社内に何かしらのトレードオフがある、つまり同じ資源の奪い合いをしていることが想定されます。たとえば製品Aを作るにせよ、Bを作るにせよ、特定の技能を持った従業員たちの時間を確保しなければならないなどです。

事例で考えてみましょう。特定の技能を持った従業員について、追加で確保できる時間は月にトータル100時間とします。製品Aを定価1000万円分作るには、月にその従業員たちの時間を100時間要するものとします。一方、製品Bではそれが50時間とします。

図23からもわかるように、月に製造できる製品Aは定価ベースで1000万円分だけです。それに対して、製品Bは2000万円分の製品を作ることができます。その結果、追加で増える限界利益の「額」は、製品Aが月当たり600万円

に対し、製品Bは月当たり800万円となるのです。こうした「キャッシュを生み出すスピード」を決める制約要因を正しく理解しておかないと、率はいいものの、最終利益の額に貢献の小さな製品・サービスにリソースを使ってしまうことになるのです。

「こちらの方が利益率が高いからこちらを優先して作りましょう」の言葉には罠が潜んでいるのです。

HINT

ダークサイドに墜ちないためのヒント

①実額と率、あるいは1人当たりの数字などについて、どの場面でどれが特に重要になるかを理解する

②エリヤフ・ゴールドラット博士の制約理論（一定時間に生み出す金額を最大化するためのオペレーション・会計理論）を簡単でもいいので学ぶ。『ザ・ゴール』（ダイヤモンド社）などを読むこともお勧め

Chapter3 アカウンティング・ファイナンスのダークサイド

Case

33

実態に即してコストを把握できる
理想の計算方法の盲点

Activity-Based Costing

ＡＢＣ（活動基準原価計算）

失敗例

間接費の配賦を適切に行うことで、より真に近いコストを知ろうとする計算方法。20世紀後半の管理会計の3大発明の1つとされ、重宝されている

うちはこれまで原価計算はかなりドンブリだったから、一度精緻な分析をしてみようということになった。そこで部下にABCによる分析を任せたのだが、なかなか結果が出てこない。どこでつまずいているのだろう？

　　ABCはハーバード・ビジネススクールのロバート・キャプラン教授らによって提唱された手法です。それまでの原価計算では、複数の製品や事業部にまたがるコスト、すなわち間接費を、製品や事業部の売上げや直接費に比例させて配賦することが一般的でした。これは簡便法としては悪くはないのですが、場合によっては「儲かっている製品」と「儲かっていない製品」を誤って判断させてしまうことがあります。

　　その典型は汎用品とカスタマイズ品です。カスタマイズ品は本来営業担当者や開発担当者の手間暇がかなりかかってい

162

図24 アバウトな間接費配賦の弊害

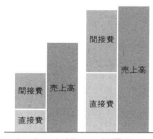
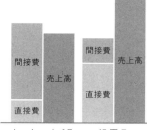

ますから、その分を考慮して、間接費である彼らの人件費をその手間暇に応じて配賦すると、実は儲かっていると思っていたカスタマイズ品は赤字で、儲けがないと思っていた汎用品の方が儲かっていたりするのです。

そこで間接費を実態にあわせて配賦しようという発想で生まれたのがABCです。ABCでは、まずコストを生じる経営資源（リソース）を活動に紐付け、さらにそれらの活動をコスト計算対象である製品や事業に紐付けて配賦していきます。理論的にも非常に美しい方法なのですが、この方法の弱点は何でしょうか？

ABCの弱点としてよく指摘されるのは、理論としては精緻なものの、コストドライバーなどの測定を正確に行おうとすると非常に大変なため、計算に掛けた手間暇に見合いにくいというものです。

図25 | ABCの考え方

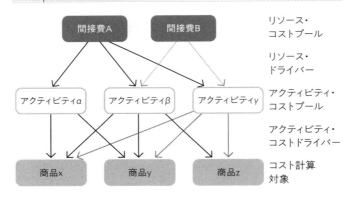

　たとえばコストドライバーとして、その製品にかかった時間を測定しようとしたとします。しかし、実際に各人がどの製品にどのくらいの時間を使ったかを正確に測定するのは難しいものです。その結果、結局は「申告」というアバウトな方法に頼らざるを得なくなります。同僚同士でクロスチェックなどをすれば精度は上がるかもしれませんが、これは「分析のための過剰投資」になってしまい本末転倒になりかねません。

　人間には、正確さを追いたいという欲求があります。その欲求と、かけていい手間暇のはざまで悩むことは少なくありません。言い方を変えれば「どこまで精緻にすべきか、あるいはアバウトでいいのか」の判断がつきにくいということです。

別の問題として、活動をどこまで細かくすべきかという議論もあります。たとえば新規営業と既存顧客への営業は同じ「営業」で括っていいかという問題です。もちろん、分ける方が正確でしょうが、それはまた面倒な手間暇を生じさせてしまうのです。

実は、ABCを発明したキャプラン教授自身もこうした難しさを認めており、ABCをそのまま実行するのは費用対効果に見合わないと結論付けています。そして簡易版のABCを提唱しています。

日本でも、実際に精緻なABCを行う例は現在は稀で、「適切な」簡易版を用いる方が効果も出やすいものです。ビジネスにおける分析は結果を生み出すためのものであり、真理を追求するためのものではないのです。

HINT

ダークサイドに墜ちないためのヒント

①分析の目的に立ち返る

②関係者と議論をしながらどこまでの精度が必要かの意識合わせをする

Chapter3 アカウンティング・ファイナンスのダークサイド

Case

34

利益責任を負わせることに潜む
落とし穴とは

プロフィットセンター

失敗例

利益に責任を負う部門。 利益責任を明確にする上では有効

サービス部門をコストセンターからプロフィットセンターにしたところ、 かえって顧客
の評判を損ねてしまった。 「稼げるサービス部門」 という発想は悪くないと思っ
たのだが……

　会計 (管理会計) の世界には責任会計という概念がありま
す。 これは結局、 誰がどの利益に責任を負うかの考え方のこ
とです。 たとえば社長を始めとする経営陣は、 当然その会社
の最終利益に責任を持つ必要があるでしょう。

　では各事業部の利益についてはどうでしょうか?　一般的
には事業部長が責任を持つはずです。 ただし、 その事業部で
コントロールしきれない本社の間接費などを負担するかどう
かは、 各企業の考え方の差が出るかもしれません。
　会社全体としてのボトムラインを強く意識づけたい場合は

間接費配賦後の利益に責任を持たせるかもしれませんし、比較的利益が出ている会社であれば、「本社の間接費配賦前で 15％」といった目標を定めるかもしれません。このような差はあるものの、一般的には多角化企業の事業部はプロフィットセンターになっているものです。

　問題はその先をどこまで細かくプロフィットセンターにするかです。たとえば有名な京セラの「アメーバ経営」では、数人から 50 人程度の組織、通常はチームとでも呼ぶべき組織をプロフィットセンターにしています（厳密に言えば、正社員の人件費を差し引かないという意味でプロフィットセンターとは言いにくい部分もあるのですが、同社ではほぼプロフィットセンターとして運用されています）。

　さらに特筆すべきは、営業の部署（営業アメーバ）も製造の部署（製造アメーバ）も移転価格（社内で、あたかも外部企業と取引があったかのように設定される受け渡しの価格）を設けることでプロフィットセンターにしていることです。すべてのプロフィットセンターが高い業績を残せば自ずと企業の業績も上がるし、小組織の方が当事者意識や利益貢献意識も高まりやすいとの判断です。

　一般の企業では通常、1 つの事業部内で製造部門と営業部門を分けてプロフィットセンターにすることはしません。移転価格で揉めることが多いですし、そこまでしなくても事業部単位で利益が出ていれば十分と考えることが多いからです。

とはいえ、事業部内の組織があまりに利益に鈍感になるのも困るので、しばしば本来であれば利益に責任を負わない部門をあえてプロフィットセンターにすることがあります。アフターサービス部門や物流部門といった機能部門や、通常本社機能となる人事部門、広報部門などです。通常は社内の他部門との移転価格を設定します。

また、場合によっては社外にサービスを提供することを促進することもあります。物流部門であれば、自社物流だけではなく他社の物流も請け負って儲ける、あるいは総務部門であれば、自社の空き会議室を他社に貸し出し、売上げを立てるなどです。

一見、悪くない話にも見えますし、実際に一時はこうしたアドバイスをするコンサルタントなども多くいました。しかし往々にしてマイナスの効果をもたらすことも少なくなかったというのが実態です。何が問題だったのでしょうか？

たとえば冒頭に示したアフターサービス部門の例でいえば、彼らがどのような行動に出たかというと「アフターサービスの押し売り」です。つまり、自分たちで顧客に営業をかけ、本来必要性の低いアフターサービスも売ろうと動き始めたのです。彼ら自身が利益で評価されるわけですから、一見理に適っているようですが、全社的に見たらどうでしょうか？

おそらくサービスを押し売りされた顧客は良い気分はしないでしょうし、顧客満足度が下がってしまう可能性もあります。また、せっかく築いてきた営業担当者との関係や彼らに

対する信用を損ねてしまいかねません。結局、その会社はアフターサービス部門のプロフィットセンター化はしばらくして止めたそうです（ちなみに、高い顧客満足度で知られた米国のEMC（現在はデルと合併）には、「顧客満足度を上げるためにはサービス部門をプロフィットセンター化してはいけない」という戒めがあったそうです）。

「稼ぐ物流にする」や「稼ぐ人事にする」などということが言われることもありますが、企業としては、どのレベルの組織にまで利益責任を持たせるかは、そんなに簡単な問題ではないのです。

HINT

ダークサイドに墜ちないためのヒント

①人間のモチベーションへの洞察を深める

②当事者の立場に立ってどのような行動をとるかを考える

Chapter3 アカウンティング・ファイナンスのダークサイド

Risk

Case

35

ダウンサイドだけに目を向けると
足をすくわれる

リスク

失敗例

リスクはバラつきのこと。 一般にバラつきは小さい方が好まれる

以前、上司に広告案件について相談したところ、「この広告投資、確かに面白いけれど、当たるか外れるか、どうもリスクが高そうだな。リスクが高いものは見送って当然だ」と言われてしまった。その時は何も言い返せなかったが、結果として広告が大ブレイクすることもなく、認知度も低いまま、そこそこの成果しか出なかった。多少リスクを負ってでもアグレッシブな広告をだして一気に認知度を上げる方が良かったと思うのだが、自分は間違っているのだろうか?

　　リスクは、日常会話で用いられる意味合いと、経営学、特にファイナンスで用いられる意味が異なる言葉の典型です。まずはそこを理解しないと話がかみ合わないことになってしまいます。

　　日常会話でリスクあるいはリスキーといった場合、それは単純に「危険性がある」といった意味合いが大です。たとえば「このご時世、銀行預金でしか運用しないなんてリスキーだよ」とか「持ち家を買うのは、隣人トラブルのことを考えるとリスクが大きすぎる」などです。ここでいうリスクは、

図26 リスクとリターンの関係

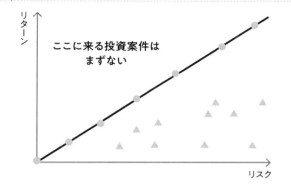

概ね「悪い話」「悪いことの起こる可能性」という意味です。

　一方、ファイナンスでは、リスクは基本的にリターンの「バラつき」のことを意味します。ハイリスク・ハイリターン、ローリスク・ローリターンという言葉もよく使いますが、それを示したのが図26です。リスクに見合わないリターンしか得られない投資案件は多々ありますが、ある特定のリスクの値においては、頑張ってもあるリターン以上の数字を上げることは通常できません（インサイダー情報を用いるといった不正な方法を用いればその限りではありませんが、そうしたものは捨象します）。

　たとえば銀行の定期預金はバラつきが小さい、リスクの小さな安定した投資先ですが、リターンは非常にわずかな金利のみです。一方、投資信託は将来のリターンのバラつきが大きく、結果が正確には分かりません。大儲けすることもあれ

ば、大損をする可能性もあります。個別の株式になると、通常はさらにリスクは高くなります。

　ハイリスクなものとローリスクなもののどちらを好むかは個々人の性格にもよりますが、日本人は一般的にリスク回避的で、元本割れを好まない傾向があります。筆者の知人でも、投資はしたいが元本割れは嫌なのでしないという人は少なくありません。この考え方自体は、リスクとリターンの考え方をよく理解しているのであれば、良し悪しの問題ではなく好みの問題なので、非難されるべき筋合いの問題ではないかもしれません。

　しかし、そうした人々がリスクとリターンの考え方を正しく理解しているかと言えばそんなことはありません。むしろ、下振れ（ダウンサイド）のリスクを過大に評価し、上振れ（アップサイド）の可能性を過小評価している場合が多々あります。これは往々にして、ビジネスにおいては間違った意思決定につながりかねません。

　たとえば冒頭の広告投資であれば、確かにダウンサイドのリスクに目が行きますが、一方で大あたりになる可能性もあるわけです。それを最初から度外視するのは、経営状況にもよりますが、視野狭窄なわけです。

　筆者は仕事上、さまざまな経営者の方々に話をうかがう機会がありますが、成功している人々は、ダウンサイドのリス

クにも敏感ですが、アップサイドのリスクにも同じように敏感です。特に起業家にはその傾向が強いように感じます。

起業家は一般人と発想の仕方が違うことが多いのですが、平均よりも楽観的な人が多く、「失敗すること」以上に、「勝てるチャンスで勝ち切れないこと」「儲けられるときに儲けられないこと」を重視する傾向があるのです。

もちろん、「100回に1回の失敗も許されない」といった経営上の制約にも敏感になる必要はありますが、過度にダウンサイドのリスクに意識を向けすぎるのも考えものなのです。

HINT

ダークサイドに墜ちないためのヒント

①リスクの意味を正しく理解する。通常、ハイリターンを得ようとすると、リスクも大きく取る必要がある（ただし、リスクを大きくとっても、リターンが大きいとは限らない）

②自分のビジョンや経営環境、戦略を正しく理解し、意識すべきリスクを知る

Chapter3 アカウンティング・ファイナンスのダークサイド

Cash Flow

Case

36

改善しても資金繰りが苦しくなる
その訳とは?

キャッシュフロー

会計上の利益とは異なる、実際の現金の動き。貸借対照表と損益計算書の
数字を用いると、「キャッシュフロー=純利益+減価償却費−投資−増加運転
資本」と定義できる。恣意的な操作が難しいので、ファイナンスでは業績を
見る際に利益以上に重視される

失敗例

会計士に、「とにかくキャッシュフローには気をつけるように」とアドバイスを受け
てきた。ただ、昨年については、キャッシュフローは一昨年より改善したのに、
ますます資金繰りが苦しくなった。なぜだろうか?

　　　キャッシュフローが増せば、現金が増えるはずなのですが、
逆のことが起こったのはなぜでしょうか?

　　　実は、冒頭の定義の中で、運転資本の定義としては、

運転資本=売上債権+たな卸資産−仕入債務
運転資本=流動資産(現金及び預金除く)−流動負債(借金除く)
運転資本=流動資産−流動負債(借金除く)

　　　といったようにいくつかのパターンがあります。これが実

はファイナンスの急所の部分です。特に最後の

運転資本＝流動資産－流動負債（借金除く）

　と考えた場合、キャッシュフローが増えたのに自由に使える現金が減り、資金繰りが悪化するということが起こります。

　具体的な例で考えてみましょう。ここでは、事業運営上、現金、しかも当座預金などではなく、文字通りの現金（紙幣や貨幣）を必要とする典型的な業態であるセブン銀行を例にとります（なお、会計上の勘定科目である「現金預金」あるいは「現金・預金」は、紙幣や貨幣に加え、当座預金や普通預金も含みます）。

　セブン銀行の収入のほとんどは、金融機関からの手数料が占めます。そしてその源泉となるのが、全国に約 25,000 台（2018 年末時点）設置されている ATM です。ATM の中には現金を一定額以上入れておく必要があります。セブン銀行のビジネスを運営する上で、この現金は必要不可欠といえるでしょう。

　仮に ATM 1 台当たり 100 万円の現金が事業運営上必要と考えると、250 億円となります。これがどのくらいのインパクトかと言えば、同社の年間の経常収益の 2 割弱となります。つまりセブン銀行では、年間売上げの 2 ヵ月分の現金の用意が ATM 稼働のために必要なのです。

ここでは、キャッシュフローの計算式である純利益＋減価
償却費－投資－増加運転資本（⊿運転資本）に、運転資本＝
売上債権＋たな卸資産－仕入債務の定義を用いましょう。

　すると、もし純利益＋減価償却費－投資－⊿（売上債権＋
たな卸資産－仕入債務）が前年と同じだったとしても、たと
えばATMの台数が増え、「拘束される現金」が仮に10億円
増せば、実質的なキャッシュフローは10億円減ってしまい
ます。その結果、一見キャッシュフローが改善したのに資金
繰りが厳しくなるということが起こり得るのです（実際には
セブン銀行は利益率が高いため、資金繰りの問題は起きてい
ません）。

　セブン銀行はやや特殊な例かもしれません。しかし、ここ
まで多額ではなくても、一般の製造業の場合、概ね売上高の
1％から数％程度の現金はこのように拘束されているといわ
れています。この数字は、ビジネスモデルや商慣習、商材な
どによって大きく変わります。「拘束される現金」が多いビ
ジネスモデルも多いでしょう。

　こう考えると、本来の運転資本は、先の3つの定義ではなく、

運転資本＝流動資産（余剰現金除く）－流動負債（借金除く）

　あるいは、

**運転資本＝ビジネス運営上必要な現金＋売上債権＋たな卸資産
　　　　　－仕入債務**

などとする方がより正確といえます。教科書通りの定義の丸覚えは、実務ではマイナスに働くこともあるのです。

HINT

ダークサイドに墜ちないためのヒント

①教科書の定義を丸暗記するのではなく、妥当性の高い意思決定につなげる上で、実質的な運転資本は何なのかを意識する

②自社のビジネスモデルが、事前にどのくらいキャッシュを食うものなのかを把握する

Chapter3 アカウンティング・ファイナンスのダークサイド

Real Option

Case

37

将来の不確実性を織り込む評価手法に
人の意思が紛れ込む

リアルオプション

プロジェクトに柔軟性を与えることで、より正しくプロジェクトの評価を行うファ
イナンス的思考方法。伝統的な評価手法に加え、近年多用されている

失敗例

アメリカ留学帰りの先輩がリアルオプションを用いた分析をした結果、このプロ
ジェクトは GO サインが出た。しかし、実際に始めてみたら、予想ほど柔軟に
意思決定を変えられるプロジェクトではなかった。本当にあの分析は正しかった
のだろうか?

　　リアルオプションの原理は、不確実性のある将来において、
柔軟性を持つプロジェクトや資産は、そうではないプロジェ
クトや資産に比べて高く評価できるというものです。柔軟性
を持つとは、ある状況が明らかになった段階で、継続か中止
かなどの判断が可能な場合をいいます。

　　たとえば、新製品をいきなり大々的に市場導入する場合と、
テスト・マーケティングの結果次第で本格的に展開するか止
めるかを決めることができる場合とでは、後者のほうがプロ
ジェクトの価値が上がるという発想です。

178

図27 リアルオプションの計算例

	試験製造	製造	販売	プロジェクトの価値	
	試験コスト	生産コスト	売上げ	普通の計算	リアルオプションを用いた計算
シナリオ①(50%)		▲60億円		= 25億円	25億円
	▲15億円		100億円		
シナリオ②(50%)		▲150億円		= ▲65億円	▲15億円(生産せず)
平均		▲105億円		▲20億円	5億円

リアルオプションの効果を示したのが図27です。

この図は製造コストの見積もりの難しいある製品の市場導入のプロジェクトについてリアルオプションの考え方を適用したものです。試験製造を行うことで、実際にかかるコストがわかる見込みです。市場性はほぼ100億円で一定とします（金額はすべて割引率を用いて現在価値に計算し直されているものとします）。このプロジェクトは3つの段階に分けられています。現段階では、シナリオ①になる可能性とシナリオ②になる可能性は五分五分と見込まれています。

このプロジェクトを従来型のNPV（正味現在価値法）で評価すると、トータルでプラス25億円の可能性が50％、マイナス65億円の可能性が50％ですから、加重平均をとるとマイナス20億円となり、プロジェクトは見送られることになります。

しかし、試験製造の段階で、シナリオ①になるかシナリオ②になるかが判明するものとします。シナリオ②になる場合は製造を進めてもマイナスが増えるだけですから、その段階でプロジェクトは中止されます。シナリオ②の場合でも、試験製造の 15 億円のコストだけで済むわけです。シナリオ②の場合は途中で止められるという「柔軟性」が生まれた結果、このプロジェクトの価値はプラスとなり、まずは試験製造を進めるべきという結論になるのです。

　一見、現実に即した非常にいい評価手法のように見えます。しかし、プロジェクトをどんどん切り刻むことで、ある程度までは最終的な金銭価値を高めるような柔軟性を生み出すことは可能です。そしてこれがリアルオプションに対する批判ともなっているのです。

　図 28 の例で見てみましょう。
　これは STEP1 の段階で次の STEP2 の見込みが明らかになり、また STEP2 の段階で STEP3 の見込みが明らかになるといったように、さらにオプションを行使できる機会が増えるようにしたものです。本来難しいプロジェクトが、オプションが増えるごとに価値が増していくことがわかります。

　極論すれば、本来は、プラスのリターンが見込みにくい案件であっても、将来の柔軟性を「こじつける」ことさえできれば、プロジェクトの見かけの価値を上げ、着手したという既成事実をもとに、強引にプロジェクトを進めることも可能

図28 プロジェクトを切り刻む

	STEP1	STEP2 オプション有	STEP3 オプション有	STEP4	プロジェクトの価値 普通の計算	STEP2でリアルオプションを用いた計算	STEP3でもリアルオプションを用いた計算
シナリオ①(25%)			30億円				85億円
		▲20億円					
シナリオ③(25%)	▲15億円		▲120億円	90億円	10億円		▲35億円(STEP3に行かず)
シナリオ⑤(50%)		▲150億円（▲120億円)			▲15億円(STEP2に行かず)	▲15億円(STEP2に行かず)	
加重平均		▲85億円	▲82.5億円		▲92.5億円	▲2.5億円	5億円

になってしまうのです。

　人間には**サンクコスト**にこだわりがちという性格もあります。サンクコストはすでに発生してしまったコストですから、本来、将来の意思決定には関係ないはずなのですが「ここまで投資したのにもったいない」という気持ちになることも相まって、プロジェクトの中止ができなくなるのです。

　事実、いくつかの無謀なプロジェクトへの投資は、リアルオプションに基づいたものとされているのです。

HINT

ダークサイドに墜ちないためのヒント

①選択肢が現実的にとりうるものかをチェックする

② GO の結論ありきで考えない。客観的に検討する

組織・リーダーシップの
ダークサイド

Chapter

4

Chapter4 組織・リーダーシップのダークサイド

Management

Case

38

生産性を上げるも下げるも
上司のスキル次第

管理（マネジメント）

組織の目標を設定し、その実現のために経営資源を効率的に活用したり、人の力を引き出したり、リスク管理などを実施したりすること。管理職の一番大事な仕事。多くの管理職がなにかしら「実践」はしている

失敗例

社長から、最近、多少風紀が緩んでいる感じがすると言われ、部下を厳しく管理するようにと指示された。そこで、部下が外れた行動をとらないよう、厳しくルールを決めて管理するようにしたのだが、職場の生産性自体は上がっていないようだ……

　マネジメント（管理）は組織が高い生産性を上げるうえで非常に大切な仕事（タスク）であり、本来、管理職の腕の見せ所ともいえるものです。しかし多くの組織の管理職はこの仕事をうまくこなせていません。それ以前に、管理とは何をすべきかが理解されていない状況が非常に目立ちます。

　管理とは、冒頭の定義でも述べたように、本来は、正しく目標を設定し、経営資源（特に人材）の力を最大限引き出して高いアウトプットを出すべく働きかけていくものです。しかし、多くの管理職はそのことを理解していません。その結

184

果、以下に示したような好ましくない例が生じてしまいます。ここでは典型的なもの4つを紹介します。

1つ目の失敗例は**目標設定を適切に行わない**というものです。ここでいう目標とは、管理職が自分の上司から与えられた数字そのものではありません。もちろん数字を達成することも大事ですが、会社の戦略を踏まえたうえで、職場がどのような状況になるのかを定性面も含めて部下がイメージできるようにすることが必要です。また、時には管理職が上司と掛け合って、そもそもの数字の妥当性を精査し、場合によってはより好ましい方向に変更する必要もあります。

しかし、多くの管理職はそこまで戦略に関するリテラシーが高くありませんし、彼／彼女自身の人事考課上、数字の達成のみに意識が行きがちです。

本来、人々を大きく駆り立てるのは妥当性が高く人々をワクワクさせるような目標です。そのことを忘れてしまっている管理職が少なくないのです。

第二の失敗例は、**管理イコール画一化と勘違いしている**というものです。冒頭のケースもこれに該当しそうです。

筆者が若い頃「管理教育」という言葉がはやりました。当時は「荒れる学校」が多かったこともあり、ルールを厳しく定め、守らせることで生徒の逸脱を阻止しようという発想が強くなったものと思われます。ちなみに、厳しい校則などはそれ以前からもあり、日本人は元々良くも悪くも異常値の存在を嫌う民族といえるのかもしれません。

管理イコール画一化と勘違いしている管理職は、「べから
ず集」を強調することがあります。これはメリットもありま
すが、往々にして部下の萎縮を招きますし、自由な発想を妨
げることになります。これでは劇的に生産性を高めるような
ブレークスルーは生まれません。また、管理職自身がその
チェックに時間を取られてしまうため、生産的な仕事に使う
時間が減るというデメリットもあります。しかしそれでも、
多くの管理職は画一化を推進することで管理業務を果たして
いることのアリバイにしてしまうのです。

　失敗例の３つ目は、部下の**数字さえ出ていれば良しとして
しまう**というものです。通常、部下には何かしらの目標が与
えられるものです。その目標の達成を通じて組織の目標が達
成されると同時に、部下のスキルや組織へのロイヤルティが
上がっていくことが本来は理想です。しかし下手な管理職は
数字にばかり目が行ってしまいます。そうなると、部下に数
字を達成させることが自分の仕事と考えがちになり、それは
往々にして「数字さえ達成させればいい」というマインドセッ
トにつながっていきます。

　それがどのようなことを招くかと言えば、精神論で「とに
かく数字だけは達成しろ」という無茶ぶりです。本来のマネ
ジメントの発想では、共に考え、場合によってはコーチング
で方法論に気づかせるように誘導し、部下の実力を上げてい
くべきものですが、精神論で「とにかく数字を……」とやっ
ても部下のスキルは上がりませんし、数字を達成しても達成
感よりも疲労感の方が強く出てしまいます。また、組織への

ロイヤルティが上がるどころか、むしろ組織を嫌う人間が多数生じてしまいます。

　失敗例の４つ目は、人の管理にばかり目が行くというケースです。管理を「人の管理」と勘違いしているのです。スキルやモチベーションなどに配慮を払うのはよいのですが、どれだけ部下がイキイキと仕事をしていようが、本来不要な仕事を割り振っていては、単なる経営資源の無駄遣いであり、組織の生産性は上がりません。人ばかりを見るのではなく、**仕事そのものを見る**ことも管理の重要な一部です。無駄やダブりがないか、そもそもその仕事はやる必要があるのか、プロセスは改善できないかなど、部署の業務全体に目配せすることが必要です。

　これらの他にも「管理」にまつわる落とし穴は掃いて捨てるほど存在します。自己流を否定するものではありませんが、ある程度「マネジメントとは何か」を組織全体でしっかり共有し、実践できるようにはしたいものです。

HINT

ダークサイドに墜ちないためのヒント

①そもそもマネジメントとは何をすることなのかを確認する。古典ではあるがドラッカーの書籍などを読むことも有効

②上司を思い出し、管理がうまい上司と下手な上司で何が違ったのかを自分なりに整理し言語化する。自分が直接仕えなかった上司に話を聞くのも効果的

Chapter4 組織・リーダーシップのダークサイド

Case

39

特定の指標を過度に意識すると
全体のバランスが崩れる

Key Performance Indicators

KPI

重要業績評価指標の略。個人や部署の評価やアクションに応用できる。経営
管理を行う上で従業員の注目を集めるのに都合のいい数字

失敗例

プロサッカーチームでパス成功率を重要な KPI とし、選手の評価における比重
を上げたら、むしろ得点力が下がってしまった……

20 年ほど前は聞きなれない人も多かった KPI という言葉
は、今や一般のビジネス用語になった感があります。「この
新規事業の KPI は何?」「KPI を変えた方がいいんじゃない
の?」という会話も普通に交わされるようになっています。

KPI は、正しく使えば多くのメリットをもたらします。具
体的には以下のようなものです。

・ PDCA を回しやすくなる
・ 問題個所の発見が容易になり、問題解決のためのアクション

を速やかにとれる

・ 人々の意識をその KPI に向けやすくなる。結果としてチームリーダーや経営陣が何を重視しているのかが伝わる

どれも非常にいい話に見えますが、実は 3 つ目の項目に落とし穴が潜んでいることが少なくありません。ポイントは、人間は数字として測定されるものに意識が向けられてしまう、特にそれが**人事考課と結び付くと過度にその KPI に意識が向きやすくなる**ということです。

たとえば冒頭のサッカーの例ですが、サッカーというゲームにおいてはパス成功率が高いことは悪いことではありません。特にカウンター型ではなく、ポゼッション（ボールの保持）重視型の戦術をとるチームにとってはそうです。それゆえ、それを指標として毎ゲーム測定し、チームの能力向上を図っていくこと自体は当然のこととともいえます。

問題になるのは、特定の KPI を、全体のバランスを考慮せず必要以上に重視することです。特にある KPI を人事考課と強く紐付けると、人間は「評価を意識する動物」ですから、通常はその KPI を必死に上げようとします。

このサッカーチームのケースであれば、パス成功率を上げる手っ取り早い方法は「相手に奪われる可能性の高い危険なパスはしない」「安全なパスを出す」ということになります。極端に言えば、自陣ゴールの前で味方同士パスし合えば、パス成功率は上がります。しかしこれでは肝心の得点は入りま

せん。サッカーというスポーツにおける得点は（フリーキックの場合を除くと）ギリギリ通るか否かという際どいパスが2、3本つながってようやく決まるものです。そうしたパスを出すインセンティブがなくなってしまえば、得点力が下がるのも当然です。

　上記の例はかなり極端のように思われるかもしれませんが、一般の企業でも似たようなことはしばしば起こります。たとえば営業担当者に毎年あるいは毎四半期ごとに売上げ目標を設定するなどは通常のことです。しかし、その売上げ目標だけが強調され過ぎるとどうなってしまうでしょうか？
　最悪の場合は、期末の押しこみ営業のような事態が生じてしまいます。生鮮食品のように腐りやすい商材などでは、これはチャネルにかなりの負荷をかけることになってしまい、長期的な関係性を損ねてしまいます。もっと悪いケースでは、架空の売上げを計上するなどの事態も起こらないとは限りません。

　顧客開拓や販売商品のバランスが崩れてしまう可能性もあります。人間は通常、易きに流れますから、売りやすい商品、売りやすい顧客で数字を稼ごうとするものです。売りやすい商品の典型は長年売ってきた商品であり、売りやすい顧客は既存顧客です。こうした商品や顧客にばかり注力すると、新商品の販売数は伸びませんし、将来のキャッシュにつながる新規顧客のパイプラインが細ってしまうことになります。また、新商品販売や新規顧客開拓という難しい仕事を通じて身

に付くはずのスキルもなかなか身に付きません。つまり、内容を無視して「売上げ」や「受注額」のみを強調することは、好ましい結果をもたらさないことが多いのです。

そこで多くの企業はバランスよくいろいろなKPIを打ちだしますが、KPIを多くし過ぎると今度は現場の人間が何を重視すべきか混乱してしまうという事態が生じます。また、たとえば「顧客訪問回数」のようなプロセス指標も評価の対象にすると、売れる見込みのない顧客でもとりあえず訪問しようという人間も一定比率現れます。

KPIはその設定の仕方により、人々を望ましい方向にも望ましくない方向にも動かしうるのです。「他社で効果を上げたからうちにも導入しよう」という発想なども、往々にして従業員の動きを望ましくない方向に導いてしまうのです。

HINT

ダークサイドに墜ちないためのヒント

①人間が何にインセンティブを感じて動くかという心理を深く洞察する

②さまざまな要素のバランスを考慮し、マネジメントできる範囲のKPIを常に模索する。状況に応じてKPIを変えていくことも検討する

③ビジネスモデルや戦略との整合性を強く意識する

Chapter4 組織・リーダーシップのダークサイド

Case

40

「経営学の父」が提唱した手法が
士気低下を招く？

Management by Objectives

MBO（目標管理）

> マネジメント論の父であるピーター・ドラッカーが提唱したとされ、多くの企業で
> マネジメントのツールとして用いられている。上司と部下が定期的に対談するこ
> とで、前期の目標達成度やその取り組みに関する議論をし、また新しい目標を
> 協議の上、設定する。部下の育成や、より正しい評価に効果があるとされる

失敗例

友人の経営者仲間に、MBOを導入すると経営が安定すると言われた。そこ
で早速自社でもMBOを導入してみた。しかし、予想通りの効果は出ていない。
むしろ、社内で不公平感が出てモチベーションが下がったという声を聞く。事実、
業績も停滞している。何が悪いのか……

　　MBOは経営学の父ともいわれるピーター・ドラッカー教
授によって提唱されたものであり、多くの企業で用いられて
います。筆者も、MBOが組織的に導入されることでマネジ
メントの効果が上がったと実感したことはあります。

　　一方で、MBOを取り入れているにもかかわらず、マネジ
メントの効率が上がらないという企業も少なくありません。
なぜそのようなことが起こってしまうのでしょうか？　これ
にはさまざまな理由がありますが、そのいくつかは、MBO
という手法の限界に根差します。

そもそもMBOは上司が部下に対して行うものですが、上司のスキルにばらつきが出るという点があります。「できる上司」はMBOの場面だけではなく、日常のさまざまな機会を利用してコミュニケーションやフィードバックを行っていますので、MBOのミーティングに際しても、そこで話される内容や評価にそれほど部下が「ビックリする」というシーンはありません。むしろ、MBOの場が信頼関係の構築や、さらなる動機付けの場になります。しかし、このようにMBOを運営できている上司は稀です。

よくあるのは、常日頃あまりコミュニケーションも指導も行っていないので、MBOの結果（特に前期の評価）を聞いて部下がショックを受けるというパターンです。特に、日常それほど厳しいフィードバックをしていなかったにもかかわらず、MBOの場での評価が低ければ、部下が困惑するのも当然です。ただ、上司も人間である以上、日頃から厳しい指導をして嫌われることは避けようとするものです。その結果、四半期や年間のMBOで急に辛口の評価をして混乱を招くのです。これでは良い職場環境は生まれません。

目標の与え方にも大きなばらつきが出るのが普通です。比較的ストレッチした目標を与える上司もいるでしょうし、達成しやすい目標を与える上司もいます。「べき論」でいえば、ある程度努力してようやくクリアできるくらいの目標がちょうどいいのですが、それをすべての部下のすべての項目についてバランス良く与えられる上司は多くありません。その結

果、目標達成の真剣さやモチベーションに部署内、組織間で大きな差が生じ、往々にして不公平感を生むのです。

　もっとクリティカルな欠点は、戦略と MBO のリンクのなさです。多くの MBO は、必ずしも企業や事業部の戦略と紐付けて与えられてはいません。皆さんも、MBO をされているときに、企業や事業部の戦略とあわせて説明されたりしているかといえば NO という人が多いでしょう。その結果、仮に MBO の目標を全社員が達成したからと言って、企業の戦略的目標は必ずしも達成されないという事態が起きるのです。これは属人的な問題というよりも、MBO という手法が避けて通れない難しさともいえます。事実、社員すべての MBO で与えられた目標を管理し、その妥当性を戦略的側面、人材開発的側面の両面からチェックし、必要に応じてやり直すという会社はほぼないはずです。

　理論的には、社長→取締役・執行役員→事業部長……と正確に目標がブレークダウンされていけば、社長のやりたいことは達成できるはずです。しかし、10 人程度の小組織ならそれも現実的ですが、数千人規模の大企業ではそのような正確・精緻なカスケードダウンは実務的に不可能ですから、どこかでモレやダブり、歪みが生じるわけです。

　MBO はないよりはある方が通常はいいのですが、それはやり方次第です。非効率な MBO はむしろ人々の時間を奪い、モチベーションを下げることにもつながりやすいのです。

HINT

ダークサイドに墜ちないためのヒント

①評価者、被評価者の両方に意義を伝え、また研修を行う

② MBO の場以外でも日常的にコミュニケーションやフィード

バックに時間を使う

Chapter4 組織・リーダーシップのダークサイド

Case

41

「効率化」と同一視すると
手痛いしっぺ返しを食らう

Productivity Improvement

生産性向上

組織のアウトプットをより効果的に上げること。多くの企業で重要課題として
取り組まれている

失敗例

トップからの厳命で、働き方改革を推進することになった。それ自体は時代の流
れだから仕方がない。ただ、それを受けて効果的に仕事を進めるようにさまざま
な手段を講じているのだが、売上げも利益も維持が精いっぱいで、劇的な効
果はでていないようだ。どうしたものか……

　　日本企業が1人当たりの生産性が低いといわれて久しい
ものがあります。OECD加盟国では最下位に近い位置です
し、一部の新興国にはすでにキャッチアップされています。
多くの企業では実際に生産性向上のために、以下のようなさ
まざまな施策を打ち始めています。

・定時に帰れるように時間配分を行う
・それまで1時間だったミーティングを50分で切り上げる
・メールを必要以上にCCしない
・タバコ休憩を禁止する

図29 生産性の向上

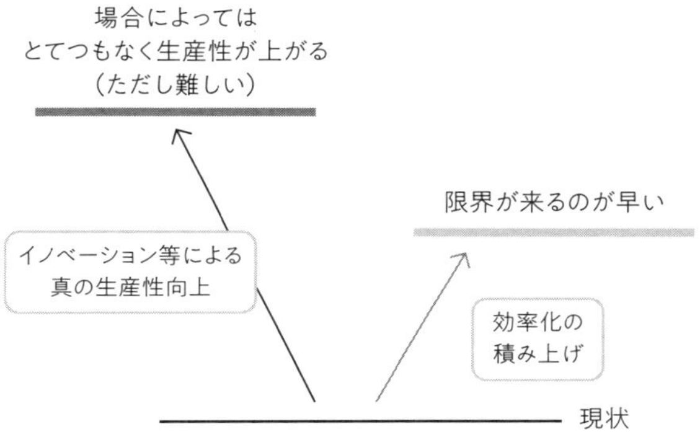

場合によっては
とてつもなく生産性が上がる
（ただし難しい）

イノベーション等による
真の生産性向上

限界が来るのが早い

効率化の
積み上げ

現状

　これらはこれらで決して間違っているわけではないですし、確かに多少の生産性向上には寄与するはずです。しかしそれが劇的かと言えばそんなことはないでしょう。

　実は生産性向上は、効率化と勘違いされがちな言葉です。ただ、効率化は生産性向上の一部であって、すべてではありません。効率化しないよりはマシですが、決定打ではないということです。「毛虫が早く動けるように努力しても蝶にはかなわない」という比喩がそれをよく表わしています。

　ではより効果的に生産性を向上させるには何をすればいいのでしょうか？　大きく２つの方向性があります。１つはそもそも生産的でない事業等を止めること、そしてもう１つは顧客に極めて強く訴求する製品・サービス、あるいはビジネスモデルを新たに開発し、提供することです。

　後者の方がインパクトも大きく望ましいのですが（時には

歴史を変えることすらあります。活版印刷や自動車はその例です）、それはどんな企業であっても容易ではないので、ここでは主に前者について述べることにします。

さて、生産性の低い事業を止めるというのは、言うのは簡単ですが、経営レベルの意思決定が必要になります。経営陣は単に生産性だけではなく、雇用の維持や売上げの確保といったことも当然念頭に入れます。そうなると、うかつに「これを止めます」とは言えません。比較的歴史の浅い、うまくいっていないことが明確な事業であればまだしも容易なのですが、元々の本業ともなれば、それを止めるという意思決定は、よほど強いリーダーシップがないとできません。

余剰の人員をどう配置転換するかという難しい問題もあります。組織的な衝突も多々起こります。そうしたことに伴う短期的な痛みを考えれば、生産性が低いからといって、止めるという意思決定のできる経営者は少ないのです。

むしろ起こりがちなのは、役割を終えた「ゾンビ事業」に経営資源を追加的に投入する例です。これはただでも低い生産性をさらに悪化させてしまいます。もちろん、再生の可能性はゼロではありませんが、市場環境は通常厳しく、また社内のしがらみにとらわれた中で再生を行ってもまず、うまくいきません。

ここまでは事業レベルの話をしてきましたが、製品レベル

や顧客レベルでも同じことが起こりがちです。「この製品は社員のモチベーションも考えると止められない」「この顧客から手を引くと売上げが下がる」といった躊躇は常に生じます。

かつてヤマト運輸は、宅配便の事業を始めて間もない頃、トラック輸送事業で三越や松下電器といった儲からない顧客を切ることで生産性を高めていきました。そして最終的にはほぼ宅急便という生産性の高い事業にシフトすることで一流企業の仲間入りをしていったのです。

ちょっとした効率性を高める工夫も大事ですが、それだけでは生産性は向上しないのです。

HINT

ダークサイドに墜ちないためのヒント

①一般社員であっても、「そもそもやらない方がいいことは何か」「どうすればそれが実行できるか」を考える

②それまでの常識を疑う。それはしばしば劇的なイノベーションにもつながる

Chapter4 組織・リーダーシップのダークサイド

Case

42

交渉を有利に進めることも悪用することもできる
人間心理

GIVE & TAKE

直訳すると「与え、もらう（あるいは与えられる）」こと。組織のWin-Win
や効率性向上にもつながる。人間が社会活動を営む上での基本

失敗例

最近Aさんにはお世話になりっぱなしだ。何かお返ししなくてはいけないとは思っ
ているのだが難しいなあ。ちょっとのお返しでは見合わない気がするし。少し手
間はかかるが、「もしいたら紹介してよ」と頼まれていた「ITにもマーケティング
にも詳しい若手」を前職の友達や後輩に頼んで推薦してもらおうかな。

　人間は1人では生きていけません。それは日常生活レベ
ルでもそうですし、組織の中においてもそうです。誰かの助
けを借りないと何もできないのは自明の事実と言っていい
でしょう。そこで登場するのがGIVE & TAKEの発想です。
これによりお互いがハッピーになり、小さな集団のみならず
社会全体が潤うのです。

　とはいえ、毎回タイムリーに与え、与えられる関係が作れ
るかというと難しいものがあります。たとえば何かのプレゼ
ンテーション準備の際、先輩のAさんに非常に有意義なア

ドバイスをもらい、しかも社外の識者なども紹介してもらったとします。常識的な人間であれば、それに見合ったお返しをしなければと思うでしょう。

この心理を**返報性**といいます。返報性は、獰猛な野生動物に比べれば生物学的には弱い人間という動物が、自然をサバイブしていく中で身に付けた知恵のようなものです（厳密に言えば、そうしたことを身に付けなかった人類は淘汰されてしまったのです）。

冒頭の例に戻りましょう。もしあなたが先輩のＡさんにお世話になったのに、なかなかいいお返しの機会がなかったとしたらどのような心理になるでしょうか。おそらく、何かしらの心理的負担がかかるという人は多いでしょう。時間が経つほど、気まずさを感じる人も多いはずです。

こうした心理が働く結果、タイミングを逃すと人は元々もらったものより大きなお返しをしてしまうことがしばしば生じるのです。今回もそのケースに該当するかもしれません。

この返報性については、意図的に利用、もっと言えば悪用する人も少なくありません。ベストセラーとなったロバート・Ｂ・チャルディーニ著『影響力の武器』では、他人に抗しがたい影響力を与える心理をいくつか紹介していますが、返報性はその中でも最も根源的で強力なものとされています。人間は受けた恩を返していない状態を非常に嫌がり、時として過剰なお返しをしてしまうのです。

返報性は、実態が伴っていないときにも発動するという困った特徴もあります。その典型がネゴシエーションにおける**ドア・イン・ザ・フェイス・テクニック**です。これは、最初に過大な要求をし、「それは無理ですよ」などと断られたら、徐々に要求を下げていくというものです。

　当たり前のやり取りに見えますが、相手としては「条件を下げてくれた」ということに恩を感じることがしばしばあり、本来自分がすべき以上のリターンを返してしまうのです。たとえば以下のような感じです。

証券会社営業担当者「どうでしょう、この投資信託、100万円くらい投資してみませんか？」
自分「100万なんて無理ですよ」
証券会社営業担当者「じゃあ、10万円ならどうですか」
自分「……（本当はあまり気乗りしないけど、だいぶ譲ってくれたので）10万ならまあいいですよ」

　現実問題としては、こうしたあざといテクニックを使う人やシーンはそんなに多くはなく、実際には善意の協力というものが多いでしょう。「情けは他人のためならず」ということで、めぐりめぐっていつか自分に返ってくればいいやという思いの人も多いはずです。

　とはいえ、しばしばこれを悪用する人がいるのは事実です。その見極めの判断が難しいのです。

HINT

ダークサイドに墜ちないためのヒント

①自分が腹から感じる違和感を大切にする

②有名なテクニックとしての悪用方法は知っておく

Chapter4 組織・リーダーシップのダークサイド

Motivation

Case

43

「やりがい搾取」は
こうして仕組まれる

モチベーション

仕事への意欲、やる気のこと。部下のモチベーションを高めることは（動機
付け）、マネジャーの最も大切な仕事の1つとされる

失敗例

この会社は自分のやりたい方向性にマッチしており、結果として自分のモチベー
ションは高く維持できている。一方で、何か上司にうまく利用されている気がす
るのはなぜだろう?

モチベーションは仕事の成果に非常に大きな影響を与えま
す。かつて京セラ創業者の稲盛和夫氏は、仕事の成果を以下
の式で表しました。なお、この式の「方向性」とは、社会通
念や企業目的に沿って正しい方向に向かうことを指します。

仕事の成果 ＝ やる気 × 能力・スキル × 方向性

グロービスでは能力・スキルはやる気さえあれば伸ばせる
ものと考えていますので、結局、**仕事の成果を最も左右する
のはモチベーション**ということになります。

204

皆さんも経験的に、高いパフォーマンスを出している会社や部署は皆のモチベーションが高く維持されていることをご存じのはずです。

では、どうすれば人々のモチベーションを上げることができるのでしょうか？　何がモチベーションにつながるかは人それぞれです。多くの人がまず考えるのは、金銭的報酬と非金銭的報酬です。人は霞を食べて生きていけるわけではありませんから、金銭的報酬はある程度必須です。ただ、それだけでは人は動機付けられません。別の動機付けを併せて行う必要があります。

モチベーションの源泉となるものについては多くの理論がありますが、有名なのは**マズローの欲求5段階説**でしょう。この説では、人は原始的な欲求が満たされるにつれ、特に上位の3つの欲求——下から順に「愛と所属の欲求：良い組織に属していたいという欲求」、「承認欲求：人々に認められたい、自己肯定感を持ちたいという欲求」、そして「自己実現欲求：仕事を通じて自分のやりたいことをしたいという欲求」——で突き動かされるようになると考えます。これも実感値として理解できるでしょう。良い仲間に囲まれ、人から評価され（自分でも自己肯定感があり）、しかも自分のやりたいことができればモチベーションが高くなるのは当然です。

ただ、こうしたことばかりに目が行きすぎると、働く側の人間としては「いいように他人に使われてしまう」という事

205

態を招きかねません。その典型は昨今問題になっている博士取得者のワーキングプア化問題でしょう。博士を取得するような人は通常、非常に高い「知への欲求」「真理を知りたいという欲求」を持っているものです。悪く言えば、国はその欲求を利用することで、非常に安いコストで研究成果を得ることができるのです。俗に言う「やりがい搾取」です。

　こうしたやりがい搾取は企業でも当然起こります。特に多いのは、その企業が社会的問題に取り組んでいるようなケースです。たとえば介護ビジネスは非常に大きな社会的意義を持つビジネスですが、そこに携わる人々の給与は必ずしも高くありません。これは競争環境を考えればある程度は仕方のない部分もあるのですが、往々にして経営者のプアなマネジメントに起因する部分も大です。

　つまり、こうしたタイプの事業では「あなたのやっていることは非常に大事なんだ」と強調することで、経営者自身のプアなマネジメントを隠しつつ、人々にある程度のモチベーションをもって働いてもらうことが可能になるのです。同様のことはNPOなどでもしばしば生じます。

　「貧すれば鈍する」という諺があります。精神的な満足だけでモチベーション高く働ける期間は決して長くはありません。往々にしてあるのは、「燃え尽き症候群」に陥ってしまい、急に生産性が下がるというケースです。将来の不安が生産性を下げることもあります。また、目の前に金銭的な誘惑があると、不正に手を染めてしまう要因にもなりかねません（私

立大学の教員が不正に研究費を私的流用してしまうなど)。

モチベーションの源泉として「やりがい」だけを過剰に重く見ることは決して好ましくないのです。

HINT

ダークサイドに墜ちないためのヒント

①長期的に自分のキャリアを考える(成功の可能性なども含めて)

②上司や経営者に言うべきことは言う。明らかに改善できるのに放置されている点など

Chapter4 組織・リーダーシップのダークサイド

Leadership

Case

44

「先頭に立ち皆を引っ張る」だけが
リーダーではない

リーダーシップ

人々を正しい方向に導く力、行動。生得の資質で決まるものではなく、皆が
学びうる。経営者や組織のトップに不可欠なもの

失敗例

上司から、もっとリーダーシップを発揮して部下をグイグイと引っ張れと言われた。
ただ、それは自分に合ったスタイルではない気がする。リーダーシップについて
本などでいろいろ勉強すると、正反対のことを言っていることもある。何が正しい
のかわからない。混乱するだけだ……

　リーダーシップほど重要性が高いにもかかわらず、その定
義がバラバラだったり、人によって言うことが異なるコンセ
プトはないかもしれません。

　実際、ある管理職などは、「嫌いな部下には、本人の特徴
と合わないリーダーシップをとるように促すことだ。そうす
れば自滅する」と言ったとされます。これは効果的なリーダー
シップに関して絶対的な解がないことを示す一例といえるか
もしれません。

冒頭の定義に示したように「リーダーシップは生得のリーダーしか発揮できない」という誤解は減り、「皆がリーダーシップを発揮しうる」という考え方は広まってきましたが、それでもリーダーシップに関する典型的な誤解や落とし穴は少なくありません。ここでは3つ紹介しましょう。

　第一は、「引っ張ろうとする」というものです。リーダーシップはどうしても先頭に立つという印象を持たれやすい言葉ですし、実際にそのようなリーダーは古今東西を問わず数多くいます。それゆえ、どうしてもそのイメージに引きずられ、自分の気質に合わないのに先頭に立とうとしてしまうケースがあります。

　しかし、リードの元々の意味は「導く」ですから、人々を正しく導くことができれば、自らがすべての先頭に立つ必要はありません。昨今は、サーバントリーダーシップという考え方も広まっています。これは、「引っ張る」というよりは「後押し」「支援」をするタイプのリーダーです。

　ビジョンをしっかりと提示し、そこに向かって後押しできれば、このタイプのリーダーは、非常に効果的なチームを作れる可能性が示唆されています。現時点では特に女性リーダーに向いているとされます（ただし、これはジェンダーバイアスであり、女性リーダーがもっと増えればそうした差異はなくなる可能性はあります）。

　また、「引っ張る」という特性から連想されやすいせいか、リーダーは外向的であるべきという誤解もあります。置か

れた環境によりますが、近年の研究では、**じっくり考える内向的なリーダーの方が良いパフォーマンスを残している**という研究もあります。人間嫌いの人ではまずいかもしれませんが、観察力、共感力が高い人は、言葉は少なくともリーダーに向いているのです。

　通常、性格を変えることは容易ではないですし、往々にして自分を見失いがちになりますので、自分の性格にあったリーダーシップを模索する、あるいは自分のリーダーシップスタイルが生きる場を探すという発想も大事です。

　失敗ケースの２つ目は、独善的になるということです。リーダーは多くの場合、精神的に強い人です。そうしたリーダーが取りがちな行動に「自分はこれだけ頑張っているのに、なぜあなたは頑張れないのか」という態度で接するというものがあります。

　気持ちは分かりますが、多くの人は「弱い」存在であり、スキル面でもリーダーほどでないことが多いものです。独善的なリーダーに好き好んで従おうとする人は多くはないはずです。自分の目線ではなく、フォロワーの目線で考えることが大切です。

　第三は、人に任せられないというものです。大きな組織になると当然すべての人々を直接的にリードすることはできませんから、ワクワクするビジョンを示したり、重要な制度設計を行ったり、良き組織文化を作ることの比重が増します。

当然、新しいリーダーを育成することも大切です。しかし、特にプレーヤー型のリーダーはこのマインドセットになかなか変えられません。その結果、昇進してからパフォーマンスが下がることになるのです。

1つの方法は、思いきって使う時間を変えてしまうことです。何かしらの制約を自分に課すことであるべき姿に近づくのは1つの方法論です。

この他にも、リーダーを待ちうける罠は数多くあります。俗に言う「社内政治」が盛んな会社では、他人が罠を仕掛けることもなきにしもあらずです。そうしたリアリティをどう克服していくのかにも目を向けなくてはならないのです。

HINT

ダークサイドに墜ちないためのヒント

①自問を多用し、自分自身を内省する

②1つの特殊な事例のみに引っ張られるのではなく、バランス良くリーダー像を作っていく。時には前の像を壊す勇気も必要

Chapter4 組織・リーダーシップのダークサイド

Divisional Organization

Case

45

本来なら効率性が上がる組織構造だが
不正の温床にもなる

事業部制

事業単位で組織を括り、事業部長に権限を与える組織構造。多くの多角化
企業で採用されている、典型的な組織構造

失敗例

弊社は3年前より事業部制を導入した。最初はそれで問題はなかったのに、
最近、別々の組織で似たような商品開発をしてしまうという事態が起きてしまっ
た。

　　事業部制組織（事業部別組織）は非常に多くの組織で見ら
れます。通常、企業が小さいうちは機能別（生産、マーケティ
ング、営業など）の組織が一般的ですが、企業が複数の事業
を営むようになるにつれ、事業単位で組織をまとめる方が効
率的になるというのは想像しやすいでしょう。

　　事業部制にはさまざまなメリットがあります。典型的なも
のとしては、

・事業独自のノウハウを蓄積しやすい

図30 事業部制組織

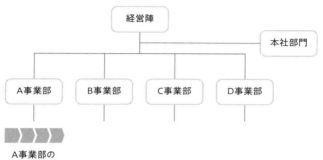

- 事業部リーダーに権限委譲される結果、経営者としてのセンスが身につく
- 一般には事業部が利益責任を持つことが多いので、利益に対する執着心が生まれ、会社全体の利益向上にもつながる
- 企業の成長ステージにおいては、事業部を増やすことで市場環境に対応しやすい。ポスト不足という問題にも対応しやすい

　もちろん、いいことずくめではありません。組織というものは、多かれ少なかれ内向きの発想をし、他部署に敵対的な態度をとることがあるからです。比較的小さい会社や立地が近接している場合にはそれでも一体感は保てるのですが、企業が大きくなり、地理的距離も離れると、どんどんベクトルがずれ始めるのが一般的です。ボーナスが事業部の業績などに連動するなどの制度が導入されると、さらにそうした傾向

が強まります。

　実際にそのような報奨制度ができたとします。あなたは他部門からの協力要請に対して快く応じるでしょうか？　あるいは、部署内で独自に形式知化したノウハウを気軽に横展開するでしょうか？　またあるいは、経営資源（人材やおカネ）を、他部門の方がより切実に欲しているからといって、譲るでしょうか？

　本来であれば、同じ企業の中でそのような GIVE & TAKE が行われることは、生産性向上に寄与をするはずです。しかし人間のやることですから、理屈通りにはいきません。多くの人は他部門との協業に消極的になってしまうはずです。

　事業部が大きくなると、さらに困った問題も生じます。シニアマネジャーが事業部でのマネジメントだけで手いっぱいになってしまう結果、事業部間の相互のコミュニケーション自体が減ったり阻害されてしまうのです。その結果、ビジネスにダブりやモレが生じ、冒頭紹介したような「同じような商品をあちらでもこちらでも作ってしまった」ということが起きてしまうのです。いわゆる「タコツボ化」です（サイロ化とも言います）。

　また、事業部が大きくなると、本来存在させてはいけないような非効率な部署やプロセスを事業部の中に囲ってしまうということも生じます。通常、事業部長はそれを隠そうと

するのですが、規模が大きいため、経営者や他部門の人間も
なかなかそれに気がつきません。事業部の業績が悪い場合は
チェックも入りやすいのですが、なまじ事業部が好調だと、
そうした微妙な「良くない個所」は埋没してしまいます。こ
うしたことが横行する結果、会社の中のあちこちに非効率が
はびこってしまうのです。

　実際、事業が大きくなると事業部を分割しようとすること
がありますが、しばしば事業部長はそれに反対します。その
理由は、単に自分の影響力が落ちることへの不安だけではな
く、そうした非効率を見つけられたくないということが少な
くないのです。

　事業部制は、多角化企業にとっては、本来効率性が上がる
はずの構造です。その一方で、非生産的な個所を曖昧にし、
社内の内向きなエネルギー消費を煽る構造という側面も併せ
持っているのです。

HINT

ダークサイドに墜ちないためのヒント

① KPI などを活用することで事業部内の「見える化」を図る

②評価制度などを工夫し、「協力した方が得」というメンタリティ
　をつくる

Chapter4 組織・リーダーシップのダークサイド

Case

46

「強い本社機能」は往々にして
「官僚化」が進む

コーポレイト部門

通常本社に置かれる部門。会社全体にサービスを提供し、彼らが働きやすい
環境をつくることを旨とする

失敗例

弊社も大企業と呼ばれる規模になり、コーポレイト機能が充実し、それに携わる
従業員も増えてきた。その半面、利益には必ずしも結びついていない。むしろ
最近はその存在意義に疑問を呈する声も社内に上がっているようだ。

　　コーポレイト部門の典型は、人事、広報、経理・財務、法
務部門などです。それに対比し、事業部をライン部門などと
いいます。図31で「本社部門」と示したところがコーポレ
イト部門です。

「部門人事」や「部門経理」など、部門単位でピラミッド型
のレポーティングラインを敷き、下部組織を作り、役割分担
をすることもありますが、それでも上記の機能が本社からな
くなることはまずありません。強い企業は、単に個別の事業
部や機能部門が強いだけではなく、往々にして強いコーポレ

図31 | 事業部制組織（再掲）

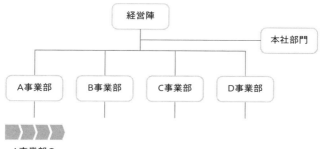

イト部門を持っています。

特にアメリカではCFO（最高財務責任者）という言葉があるように、財務部門の力は非常に強いものがあり、CFOも優秀な人材が務めていることが非常に多いです。筆者の経験でも、特に企画部や社長室などの企画部門は非常に頭の切れる人間がいることが多く、経営陣の「補佐官」となっていることも少なくありません。

では、コーポレイト部門に優秀な人材を集めるといいのでしょうか？　実際に、この誘惑から、優秀な人材を手元に置こうとする経営者も少なからずいます。しかし答えは、多くの場合NOです。その理由は何でしょうか。

第一に、社内にそうそう優秀な人材はいませんから、事業部（ライン）とのバランスが崩れ、事業部が弱くなるという

点があります。おカネを稼ぐのはやはり事業部門ですから、そこを弱体化させるようでは本末転倒です。

　第二に、往々にして本社部門、特に企画部門などは「サービス部門」というよりは、自分たちをラインに対して上に見る傾向があります。つまり、事業部を縁の下で支えるというよりも、「上から目線」で指示を出したりしがちになるのです。結果として、往々にしてコーポレイト部門は煙たがられる傾向にあります。「人事や企画部門勤務経験が出世コース」というコンセンサスがある企業では、この傾向はさらに強くなります。

　煙たがられるだけならまだいいのですが、時には対立も起こります。たとえば営業部門と経理部門の対立などです。ある企業では、営業部門が接待のために過度に経費を使う傾向がありました。経理部門はそれを咎めるのですが、営業は「それでは仕事が取れない」などと反論し、そこに対立が生じていました。営業部門と経理部門でどちらの力が強いかは企業次第というところはありますが、経理部門のトップになまじ優秀な人材がいると、彼／彼女は通常、コストカットを1つの目標として持っていますから、過度に営業を始めとするライン部門にコストカットを強いることになるのです。
　コストを下げることには成功しても、それで売上げや利益が下がっては本末転倒なのですが、コーポレイト部門の人間も目標がある以上、そのようなことがしばしば生じるのです。

第三に、上記と少し重なりますが、コーポレイト部門は自らの存在意義を示したいという欲求もあり、**「ためにする仕事」**を作りたがる傾向にあります。企画部門であれば「分析のための分析」であったり、人事部門であれば人事制度の過度な精緻化とその徹底です。

　確かに一見すごい仕事をしているようですが、現実には事業部門に負担をかけるだけで企業の利益向上にはあまりつながらないケースがほとんどです。

　「官僚組織はその性質上、肥大化する」というパーキンソンの法則が指摘されることがありますが、コーポレイト部門はある意味社内官僚的なところがあり、それが当てはまってしまうのです。必然的に、自らの組織の縮小も好みません。その結果、気がついたときには非常に「重いコーポレイト部門」となってしまい、企業の利益を損ねてしまうのです。

HINT

ダークサイドに墜ちないためのヒント

①社内の顧客である事業部門の声が反映されるようにする。アンケートなど

②予算枠を徹底するなど、過度に肥大しないための仕組みを作る

③ラインとのローテーションを活性化する

Chapter4 組織・リーダーシップのダークサイド

Promotion

Case

47

悪用すれば特定の社員を辞職に追い込むことも
可能な制度

昇進・昇格

昇進とは組織内でのポジションが上がること。 昇格は、 人事制度におけるグ
レードが上がること。 いずれも、 組織人が願う好ましい変化

失敗例

昇進して課長になったのはいいのだが、 管理の仕事は自分にはあまり向いてい
ない気がしており、 ストレスばかりが溜まる毎日だ。 しかも残業がつかなくなった
せいで、 実質的な手取りまで減ってしまった。 仕事は辛いし、 金銭的にも恵ま
れないし、 会社が嫌になってきた。

　　　　昇進や昇格は、 通常のビジネスパーソンにとっては非常に
嬉しい話です。 また、 近年は社長になりたがる若手が減った
とはいわれていますが、 多くのビジネスパーソンにとっては、
役員や社長になることはやはり夢といえるでしょう。

　　　　しかし、 昇進・昇格、 特に昇進については常に好ましい事
態を招くわけではありません。 場合によっては、 企業が辞め
させたい従業員を自ら辞職するように仕向けるテクニックと
して悪用されることすらあります。 よく用いられるやり方を
3つご紹介しましょう。

1つ目は、現場主義の人間を無理に管理職にさせてしまうことです。管理という仕事は、プレーヤーとして自ら結果を出すこととは全く別のスキルやメンタリティを要します（184ページ参照）。

具体的には、部下とのコミュニケーションを密にし、彼らを育成しなくてはなりません。また、与えられた目標を達成するのも部下が中心となりますから、彼らに気持ちよく働いてもらうような気配りや動機付けも必要です。それらを苦にしない人もいますが、職人タイプの方や、人づきあいがそれほど好きではない方は、そうしたことに非常にストレスを感じてしまいます。また、そうした人は通常、マネジメントのスキルもないので結果もついてこず、非常に会社に居づらい状態になってしまうのです。

2つ目は、昇進の際、本人にとっては苦手とする職能や事業のポジションにつかせるというものです。たとえばずっと営業一筋でやって来た営業課長を、いきなり管理部の部長職に就かせても、通常、なかなか結果は出ません。BtoCビジネスのマーケティング中心でやって来た人間を法人営業の管理職にするなども同様です。

本人としても通常、そうした昇進は拒むことが多いのですが、「バランスよくスキルを身につけるためにいろいろな経験をしなくてはならない」と説得されると、なかなか断りづらいのです。

3つ目は、そもそもスキルが足りておらず、昇進させても

好ましいパフォーマンスが出ない可能性が高いにもかかわらず、昇進させてしまうという方法です。これも、本人が躊躇しても「器が人を育てるんだから」などと丸めこまれてしまうと、なかなか拒否はできないものです。

　このケースも通常、結果は出ません。それがますますプレッシャーとなったり、部下への不信へとつながる結果、ますます結果を出しにくくなるという悪循環も生じます。

　ここまで悪用する企業は稀かもしれませんが、**不適切な昇進は、本人のキャリアのみならず、組織の生産性を大きく損なう可能性を持つ**という点には注意したいものです。

　なお、上記とは全く異なる「辞めさせるための昇進」に、部長や本部長を取締役にするというやり方があります。これは、取締役というポジションは、通常の社員とは異なり、身分保障が非常に弱いという特性を利用したものです。辞めさせたい社員がいて、彼／彼女を解雇しようとしても「解雇が客観的に合理的な理由を欠き、社会通念上相当と認められない場合は、労働者を辞めさせることはできない」というのが現行のルールです。

　それに対し、取締役は、あくまで契約関係ですので、株主総会で解任が認められれば、本人にはどうしようもありません。この方法も稀にではありますが使われることもありますので、役員になったからと喜んでばかりもいられないのです。

HINT

Chapter
4

ダークサイドに墜ちないためのヒント

①会社の立場からは、昇進させた後にパフォーマンスが本当に
残せそうかを事前にしっかり検討する

②社員の立場からは、会社の意図を正しく理解するよう努める。
時には昇進を断る勇気も持つ

論理思考

戦略・
マーケティング

アカウンティング・
ファイナンス

組織・
リーダーシップ

創造・変革

Chapter4 組織・リーダーシップのダークサイド

Results-Oriented System

Case

48

年功型報奨に取って代わる新制度に
透けて見える側面とは

成果主義

成果、すなわち業績やアウトプットに応じて報酬や待遇を決める報奨制度のこと。かつての年功型の報奨制度の対極にあり、近年さまざまな組織で導入が進んでいる

失敗例

3年前から成果主義の報奨制度になったのは嬉しいのだが、自分はまずまずの成果を上げているはずなのに、以前よりかえって報酬は減ってしまった。同期の友人に聞いても皆似たような感じだ。会社は人件費も減っていいかもしれないが、納得いかないな。皆のモチベーションは下がる一方だ……

　いまやほとんどの企業は多かれ少なかれ成果主義の報奨制度を導入しています。極端な企業では、たとえば営業職はほとんど販売実績に応じて報酬が決まるということも少なくありません。ある保険会社では、成績上位者は数千万円の収入を得る一方、成績が振るわない従業員は200万～300万円程度の年収しか得られないというケースもあります（通常、そうしたアンダーパフォーマーは転職を余儀なくされます）。

　成果主義のメリットとしては、適切に用いれば従業員のモチベーションが上がること、また企業としてもその結果、業

績が向上することが見込めることがあります。また、中途入社の社員の獲得も容易になりますし、特に日本に先駆けて成果主義を取り入れている国々の社員を引き付けやすくなります。さらに、年功型の報奨制度では、生産性の悪いシニア社員の人件費が経営を圧迫することがありますが、それを抑制することもできるというメリットもあります。

留意点としては、短期的な成果に目が行きがちになるのでそれを緩和すること、また自分の成績にしか目が行かない社員が出ないよう、チームプレイも適切に評価に盛り込むことなどがあります。

このように成果主義型の報奨制度は世界的な潮流にもなっており、どんどん導入はされているのですが、時には企業側にのみ大きなメリットがあり、多くの従業員にはデメリットしかないという状況もあります。

実は、先述したように、**成果型報酬には人件費抑制という側面があります**。その側面が出過ぎてしまうと、従業員のモチベーションをかえって削いでしまい、成果を出しても出しても報われないという状況が生じてしまうのです。

特に人件費を抑制したいのは、先行きが暗く、業績がどんどん悪化している企業です。そうした企業で過度に成果主義を取り入れた報奨制度を採用するとどうなるでしょうか？　人件費は無制限に支払えるものではなく、上限というものがどこかにあります。成長企業であればその上限がどん

どん伸びていくのでいいのですが、衰退企業においては、上限そのものが伸びません。そうした中で成果主義を導入すると、一部の人はいいかもしれませんが、頑張っても結局は報われないという人がそれ以上に生まれてしまいます。

そして「どれだけ頑張っても別に収入が増えるわけではない」というマインドが組織に蔓延してしまうと、組織の空気が非常に悪いものになり、さらに組織の停滞を進めてしまうのです。

そうした企業では往々にして、長期的視点やチームプレイなども疎かになる傾向があり、上記の流れをさらに加速してしまうことが多々あります。「チームのことを考えたら損だ」という意識が広がることのデメリットは非常に大きなものがあります。

ちなみに、成果主義の報奨制度の１つの方法論として**ストックオプション**や**社内持ち株会**などの制度を採用する企業もあります。成果を出して多くの株式、あるいはその購入権を与えられた人間は、株価が上がればそれだけ多くの報酬を得られるという制度です。ベンチャー企業などでは非常に効果を挙げています。

しかし、これは往々にして現金で給与を支払えないことから目をそらすための制度になっていることもあります。そもそも、株式というのは、株価が上がる見込みがあるからこそモチベーションにつながります。ベンチャーでストックオプションが効果的なのは、上場すればほぼ確実にお金に結びつくからです。

一方、業績が良くない企業は、そもそも株価が上がる見込みが薄いため、株式やそれを購入する権利をもらったところで、従業員もあまり嬉しくないのです（さらに言えば、株式が希薄化してしまう既存株主も嬉しくありません）。

「うちは自社の株式を買って、株主としての権利を手に入れられる制度もあるから」という言葉をそのまま受け取ると痛い目にあう可能性もあるのです。

HINT

ダークサイドに墜ちないためのヒント

①会社の成長可能性を正しく見極め、現実的なトータルの人件費に意識を向ける

②業績を測りにくい業務（経理部など）の評価方法を理解しておく

③成果に偏り過ぎないようバランスを模索する

Chapter4 組織・リーダーシップのダークサイド

Diversity

Case

49

アリバイ作りの導入では
競争力は高まらない

ダイバーシティ

多様性のこと。人事の文脈では性別や国籍、学歴、過去のキャリアなど、多様な人材を組織内に持つことを指す。ダイバーシティの促進は、多様な視点が組み合わさることによるイノベーション創出にもつながるとされる

失敗例

自社も時代背景に鑑み、ダイバーシティを意識した採用を進め、それなりの効果は出てくるようになった。ただ、それが手間暇に見合う成果かと言えば微妙かも。本当にダイバーシティはいいことなのだろうか?

　　　ダイバーシティは今世紀の日本企業を語る上での大きな課題です。背景には、①顧客の嗜好やニーズが多様化する中で、似たようなバックグラウンドの人間だけではそれに対応しきれない、②少子高齢化が進む中で、これまでその能力を活用しきれていなかった女性やシニア層もしっかり戦力にしていく必要がある、③グローバル化が進む中で、日本人だけでビジネスを運営していては、世界で戦っていけない、④社会的要請として、営利企業も身障者の方などに門戸を開く社会的責任を負うようになった、など複数の要因が重なり合っています。

228

現時点で多くの企業が特に率先して推進しているのは女性活躍でしょう。管理職の一定比率を女性にするなどの目標を掲げ、愚直に推進している企業も少なくありません。

一方で、ダイバーシティの促進が必ずしもうまくいっていないケースも多々あります。そうなる原因は主に2つあります。1つは、自分たちでは必然性を感じていないにもかかわらず、政府や社会がうるさいから、アリバイ的にダイバーシティを増やすというケースです。こうした企業では本来あるはずのサポート（例：育児休暇明けの復帰支援など）も疎かになっていますから、効果はあまりでません。

女性活躍の例でいえば、結局それにうんざりして辞めてしまう女性が多ければ、また一から採用、教育する必要が生じてしまいますので、費用対効果は非常に低いものになってしまいます。

もう1つあるのは、ダイバーシティの効用や意義は理解しつつも、それを適切にマネジメントできないというケースです。特に多いのは、人材だけはダイバーシティが増したものの、インクルージョンができないというものです。インクルージョンは直訳すると「包括」や「包含」の意味ですが、要は、その人の良さや弱点をありのまま受け入れ、その良さが最大限発揮されるよう、仕事の機会等を与えるということです。

言い方を変えれば、一人ひとりの考え方やこだわりの「違い」を個性として受け入れ、その個性が企業にプラスになるように業務を設計したり、仕事を割り振るわけです。

　そのためには、まず「違い」を特段意識しないよう促すことが必要になってきます。実際には性別や人種などはどうしても気にはなりますが、それに過度に引きずられないようにすることです。いわゆるステレオタイピング的な評価（例：「○○人の人って論理的に考えるのは苦手だよね」など）は避ける必要があります。

　その上でお互いを個人として尊敬し、積極的にコミュニケーションをとっていく必要があります。コミュニケーション方法を全員に同じにするのは難しいことですが、極力差がないようにするのが理想です。こうした下地ができると、本来の目的であったイノベーティブな問題解決などが生まれやすくなってきます。そしていったん「あの組織は属性にかかわらず働きやすい」という評判ができると、それはますます新たな人材を引き寄せ、インクルージョンのレベルアップにもつながっていくのです。

　とはいえ、日本はアメリカなどに比べると人種の多様性は元々小さいですし、女性の社会進出でも遅れた結果、いまだにこのレベルに達している企業は多くはありません。日本企業の競争力を上げるうえでも、また日本社会が活力を高めていくうえでも、ダイバーシティを「多様化」という美名だけ

に終わらせないことは重要な課題といえそうです。

HINT

ダークサイドに墜ちないためのヒント

①いろんな人がいる＝ダイバーシティではないことをまず理解する

②時々インクルージョンの状況をモニタリングしてみる。アンケートなど

Chapter4 組織・リーダーシップのダークサイド

Career Development

Case

50

給与やポジションだけを見ていると
大切な物を失う

キャリアアップ

自分の市場価値やエンプロイヤビリティ（被雇用能力）を上げていく取り組み。
通常は社会におけるポジション変更や転職などを伴う

失敗例

いろいろと思うところがあって、友人に推薦された転職サイトに登録してみた。し
かし、今ひとつ良い案件がない。そんなに高望みしているつもりはないんだけど、
条件に合致する企業がなかなか見つからず、時間ばかり浪費している。社内で
も「あいつは辞めることを考えている」という噂が立ちだした。現在の仕事だと
自分の未来は暗いとしか思えないし、焦るなあ……

　　近年、自身のキャリアを戦略的に上げていこうという人が
増えています。「まずはこの仕事をしてAというノウハウを
身につけ、次はこの仕事をしてBのスキルを身につけたい
……」といった計画を立てる人もいます（一方で、ガツガツ
仕事にこだわるのではなく、生活ができるレベルさえ維持で
きればプライベートの方を重視したいという人も増えていま
す。人々の意識の多様化を反映したものといえるでしょう）。
　　ただ、世の中の「キャリアアップしたい人たち」を見ると、
往々にしてその活動がキャリアアップにつながっていないこ
とも少なくありません。これはどのように考えればいいので

しょうか。

　まず理解すべきは、**部署の異動や転職は必ずしもキャリアアップにつながらない**ということです。もちろんつながる場合も多いですが、そうでないケースもかなりの比率に上ります。特に転職について言えば、異動とは異なり、必ず自分の意思が入ってきます。ありがちなのは、その意思にしばしば不純な動機が紛れ込んでしまうことです。

　特によくあるのは、「前の会社の人間関係が嫌だから転職した」というケースです。ある調査によれば、転職の最大の理由は決して前向きなものではなく、「その会社にいても楽しめない」というものが最大でした。その中でも特に大きな原因となっていたのは人間関係です。つまり、人間関係が悪くて脱出し、新しい会社に転職するというケースが多いのです。

　ところが人間の頭というものは勝手なもので、このようなケースであっても自分の転職を「キャリアアップのためだった」と合理化してしまうのです。もちろん、偶然に転職先で良い仕事や同僚に恵まれ、本当にキャリアアップにつながることもあります。しかしこのケースでは、それは運がよかっただけです。

　キャリアアップに関する誤解で他に多いのは、「給与が上がったからキャリアアップした」というものです。確かにウェブなどで調べてみると、キャリアアップの説明として「より高い職につき、高額の報奨を得ること」などという記述も見

られます。

　これはこれで決して間違いではないのですが、短期的に「前よりもポジションや給与が上でないと失敗」と考えると、長い人生のキャリアを誤ってしまうこともあります。実際、筆者は多くのキャリアアップした人を見てきましたが、右肩上がりに給与が上がる人ばかりかと言えばそんなことはありません。中には、瞬間的に前職よりも3分の1程度に年収が下がってでも転職し、その後のキャリアにつなげた人もいます。もちろん、前職が外資系の投資銀行など、給与が高すぎたというケースもありますが、多くの場合は、あえて戦略的に高い給与を追うのではなく、まさに能力開発や人脈拡大を通じたキャリアアップの機会を得るために、一時的な給与ダウンを受け入れるというスタンスです。こうした動きがとれる人には大きく3つの特徴があります。

・ 物事を長期的に考えられる
・ 自分を客観視して弱みを把握できる
・ チャレンジできる機会を適切に評価できる

　逆に言えば、こうしたスキルを持っておらず短期的な条件のみで転職してしまう人は、他者から見たら非常にチグハグな（行き当たりばったりに見える）転職を繰り返してしまうのです。

　ちなみに転職というものは1度すれば心理的なハードルは一気に下がるため（その意味では離婚と似ています）、そうした人はどんどんキャリアアップにつながらない転職を繰

り返す羽目になってしまいます。最初はポジションも給与も上がるのですが、それはすぐに頭打ちになり、いわゆる**ジョブホッパー**になってしまいます。

　もう1つよくある誤解は、「今の仕事ではキャリアアップにつながらない」と短絡的に考えてしまうことです。たしかに同じ仕事をルーチーンのようにこなしているだけでは新しいスキルはつきませんので問題です。しかし、仮に異動や転職をしなくとも、現在の仕事で非常にクリエイティブな業務の仕方をしたり、何らかの新しい価値創造ができれば、決してその限りではありません。

　世の中というものは、見ている人は見ているものです。焦る気持ちも分かりますが、組織における配置は自分の事情だけで決まるものではありません。仮に同じポジションにいたとしても、自ら動いてどんどん新しい仕事を取りに行ったり、結果を出し続ければ、自ずとスキルは向上していきます。

　その時その時のシチュエーションにもよりますが、どのくらい新しい機会をそこで生み出せるのかを冷静に考えることも、長い目で見たときにペイすることは少なくないのです。

　特に若いうちは、昔の同級生や同期入社の仲間と比べ、「自分は遅れている」と焦るケースが少なくありません。キャリアアップを支援することをうたうサービスも多々あります。ただ、その中で本当に意味のあるものを見つけないと、単に彼らを潤わすだけ、ということにもつながりやすいのです。

HINT

ダークサイドに墜ちないためのヒント

①常にメタな視点から自分を俯瞰する

②いたずらに人と比較し過ぎない。自分は自分

③キャリアアップは短期的に考えるのではなく、5年、10年の
　スパンで長期的かつ戦略的に考える

創造・変革の
ダークサイド

Chapter

5

Chapter5 創造・変革のダークサイド

Case

51

常に「スピードが速いことが善」とは
いえない

リーンスタートアップ／
ピボット

リーンスタートアップは、新しいビジネスモデルを開発し、短期間で成長を果たす起業の方法論。ピボットは方向転換のことで、初期のトライがうまくいかなかったときに大胆に方向性を変えることを指す

失敗例

このままだとじり貧になりそうなのでピボットをしたのだが、かえって状況は悪くなった印象がある。これなら元通りのプランで進めておく方がよかったかもしれない。何がまずかったのか……

　特にIT関連のスタートアップビジネスでは、スピード感をもって市場を開拓し、そこでポジションを築くことが非常に重要になります。認知度アップや、イノベーター顧客・優良パートナーの囲い込みができることなどに加え、いわゆるネットワークの経済性（参加している人間が多いほど利便性が増す）が働くことが多いからです。特にプラットフォーム型のビジネスではその傾向が高まります（242ページ参照）。

　それゆえ、リーンスタートアップでは、標準的な精緻さで市場調査をしたり、それに基づいて詳細なビジネスプランを

書くということはしません。「まずはアイデア（仮説）をどんどん試し、市場からのフィードバックを早期に得、それに学び、スピーディに製品・サービスを改良していく」というアプローチが取られます。最低限の要件を満たすβ版的な製品・サービスをまずは作り（これを MVP：Minimum Viable Product と言います）、それを改良していくということです。

リーンスタートアップにより、スピーディな展開が可能になるだけではなく、失敗の時期を早期化できるので、失敗してもダメージが少ない、それゆえ費用対効果が高くなるというメリットもあります。

オンライン上でデータを保存できるサービスを展開する Dropbox や日本では食べログなどが典型的にリーンスタートアップで成功した企業・サービスといわれています。

一見、良いことずくめのようにも聞こえますが、実際にはやはり落とし穴があります。

1 つは、リーンスタートアップの美名のもとに、**全くの思いつきのアイデアが拙速で進められる**理由にされるというものです。どれだけ面白い仮説であっても、やはり「自分が欲しいサービスだから世の中も求めるだろう」程度では弱すぎます。簡単でもいいのでヒアリングをしてみたりアンケート調査等でニーズの強さや潜在市場規模に関して裏付けを取る方が望ましいのですが、それをスキップしてしまうのです（なお、調査に関しては、「このような製品・サービスを欲しい

ですか？」とダイレクトに聞いても、存在しないものを人は
イメージできないという側面がありますので、聞き方の工夫
は必要になります）。

　最初の MVP である β 版が貧弱すぎて、見込み顧客に対し
て悪い印象を与えるというケースもあります。MVP の要件
として、顧客に価値提供する上で最小限の機能を具備して
いることが必須なのですが、これも拙速に進めすぎる結果、
MVP が MVP たりえないのです。
　たとえばいまや大きな事業となった YouTube ですが、仮
に最初の β 版に 5 秒以上の動画はアップロードできないと
いう制約があったなら、現在の成功はなかったかもしれませ
ん。BtoC のサービスはブランド名を変えるなどすればまだ
対応もしやすいですが、BtoB のサービスでは企業そのもの
への信用を損ねる結果、再度試用してもらえないということ
もあります。

　安易なピボットについての批判もあります。方向転換とい
うと聞こえはいいのですが、その原因を精査しないまま闇雲
に方向転換を行うのは賢明ではありません。たとえばうまく
いかなかったのは市場性が元々なかったのか、それとも製品
が良くなかったのか、あるいは製品は良くてもマーケティン
グや営業の実行面で問題があったのかなど、反省やそこから
の学習がなければ、ピボットしたとしてもまた失敗してしま
う可能性は高いでしょう。
　また、投資家を始めとするステークホルダーの中には、安

易なピボットを粘りや執着心の無さの現れと見る向きもあります。本当にリーダーが精魂かけているかを関係者は見ているものです。頑張った上で本当に必要なピボットでないとスタッフもついて来てくれません。そうなるとピボットしても結局同じことが起こる可能性があるのです。

　リーンスタートアップやピボットは、拙速や失敗を正当化してしまうマジックワードであってはならないのです。

HINT

ダークサイドに墜ちないためのヒント

①そもそもリーンスタートアップに向くビジネスなのかを検討する

②「拙速でないか？」の自問を怠らない

③内発的な動機を高める努力をする（高い志を設定するなど）

Chapter5 創造・変革のダークサイド

Case

52

GAFAに代表される成功モデルだが
構築は至難の業

プラットフォーム

元々は台地の意味。そこから転じて土台、基盤といった意味を持つようになったが、特にITビジネスにおいては、製品・サービス、人々、情報などが集まってくる「場」を指す。デジタル・プラットフォームと呼ぶこともある。またそうした場を提供するビジネスをプラットフォームビジネスと呼ぶ

失敗例

「プラットフォームビジネスの時代」ということもあり、オリジナルのプラットフォームを自社で構築した。ただ、多額の投資をしたわりにはあまり儲かっていない。

　プラットフォームビジネスは90年代以降注目を浴びるようになったビジネスモデルです。特に近年、プラットフォーマーの代名詞でもあるGAFA（Google/Amazon/Facebook/Apple）が時価総額の上位を独占するようになってから、ITビジネスではプラットフォーマーになることこそ大成功への近道と考えられるようになってきました。

　プラットフォームビジネスの典型を示したのが図32です。優遇ユーザーと呼ばれる「無料でサービスを利用する顧客」と、課金ユーザーと呼ばれる売り手や広告主が存在する

図32 プラットフォームの例

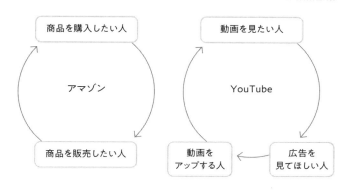

プラットフォーム(この2種類のユーザーがいるプラットフォームをツーサイド・プラットフォームと言います)や、それ以上の関係者がいるマルチサイド・プラットフォームなどがあります。

いったん良いプラットフォームを構築し、一定量のユーザーを獲得すると、**ネットワークの経済性**でどんどんユーザーが増え、ますます利便性が増すという好循環が生じます。たとえばアマゾンのようなEコマースのプラットフォームであれば、会員数が多い→多くの売り手が集まり、品揃えが増す→ますます会員数が増える→ますます多くの売り手が集まる……といった感じです。

通常はユーザーが増えればここに広告主なども参加してきますから、プラットフォーム企業はますます潤うことになります。

また、IT ビジネスの場合、顧客の**ビッグデータ**を獲得できるのも大事なポイントです。こうして得られた潤沢な資金やビッグデータを背景に、さらに利便性を高める投資や新規顧客獲得のための広告投資などを行える結果、ある分野において特定のプラットフォーマーが非常に強い立場に立つわけです。

　一方で、GAFA（さらに言えばそれ以前のマイクロソフトなど）の成功を見てプラットフォームにチャレンジする企業は増えていますが、必ずしも成功しているとはいえません。中には SIer や IT コンサルティングファームの営業トークに乗ってプラットフォームらしきものを作ったものの、全く効果を得られなかった企業もあるようです。

　何がまずかったのでしょうか？　最もよくあるのは、先述の好循環を作り上げることができなかったというパターンです。その原因をさらにいくつかに分けると、スピードで負けた、改善のための投資を怠った、より巨大なプラットフォームの事業展開の波に飲み込まれてしまった等があります。

　たとえばニコニコ動画は非常にユニークな動画サービスを提供するプラットフォーマーでした。しかし、より多くの顧客獲得やコンテンツ充実のための投資ができなかった結果、利便性やコンテンツの魅力度などで劣後するようになり、YouTube や後発の Abema TV などに顧客を奪われてしまったのです。

　ネットワークの経済性は、あるレベルを超えると自走的に

回り始めますが、そこに至るまではやはり地道な投資が必要です。多くの企業は、それがまかないきれないのです。

　プラットフォームはその性質上、**特定の領域におけるナンバー１企業しか大きくは儲けられない**という特性があります。一般的な SNS であればフェイスブックです。マイクロソフト傘下の LinkedIn はビジネス特化型の世界最大 SNS としてフェイスブックと差別化することで存在感を示しています。

　つまりプラットフォーム＝大儲けの戦略という発想は間違いで、ある領域でナンバー１のプラットフォームでないと大儲けには至らないのです。その「領域」が十分に市場規模があることが望ましいのは言うまでもありません。さらに言えばライドシェアのウーバー・テクノロジーズのように、ナンバー１のプレーヤーでありながら、いまだに黒字化のめどの立たない企業もあります。
　結局、**プラットフォーム戦略はハイリスク‐ハイリターン**なのです。中途半端な投資では赤字だけが残ってしまいます。その理解が欠けたままの参入は IT ベンダーだけを儲けさせることにつながりやすいのです。

HINT

ダークサイドに墜ちないためのヒント

①競合となりうるプラットフォームを正しく観察する

②自走的に好循環が回るまでにどの程度の規模や投資が必要かの目算を持っておく

Chapter5 創造・変革のダークサイド

Open Innovation

Case

53

安易な導入は自社の開発力を削ぎ
ノウハウを流出させる

オープンイノベーション

自社内のみでの R&D にこだわらず、広く技術やシーズを社外から集め、それを製品開発などに活用しようという考え方。また、自社内の技術やノウハウを社外に売却するという「出口側」のオープン化も広義のオープンイノベーションの一種である

失敗例

主要顧客企業から、「これからはオープンイノベーションの時代ですよ」ということで協業で技術開発を進めたのだが、先日先方から通告があり、いったん協業は解消したいという。噂では、彼らは自ら製品を内製するという。技術を盗まれたようで不愉快だ。

　オープンイノベーションはおよそ 15 年ほど前に提唱された概念です。特に日本の製造業は、いわゆる「垂直統合型」で R&D から販売・サービスまでのバリューチェーン全体を抱え込む傾向があるとされてきました。オープンイノベーションはそれに対するアンチテーゼの 1 つともいえます。もちろん、古くから共同研究などで外部と連携する企業は少なくありませんでしたが、やはり社内の研究開発部門を圧倒的に優先させるという企業がほとんどでしょう。

　オープンイノベーションを積極的に活用した企業の代表

としてよく取り上げられるのは消費財メーカーのP&Gです。同社は「コネクト・アンド・デベロップメント」という、社外の技術シーズと社内の技術シーズを結びつけることで新商品開発を行うことを戦略の柱とし、多数の新商品を生み出しました。

こうした成功例もあり、日本でも近年はオープンイノベーションを活性化しようという機運が高まりました。その背景には、競争優位性を構築する上で必要な研究開発費が増加したこと、また変化が早く不確実性が高い経営環境下においては、自社内のみの対応では後手を踏むことが多くなったことなどがあります。

とはいえ、オープンイノベーションでは多くの企業が苦労していますし、安易に踏み切ってかえって競争力を削いでしまったという例も報告されています。どこに落とし穴があるのでしょうか?

1つは、現場がNIH（Not Invented Here）症候群から抜け出せないというものです。技術の移転や結合というものは必ず現場で起こるものです。経営陣がどれだけオープンイノベーションを叫んだところで、現場の開発陣が外から来た技術を自前の技術より軽んじてしまう（もしくは斜に見てしまう）、あるいはそうしたメンタリティがベースとなって提携先とうまくコミュニケーションが取れないようでは、やはりそれが新製品などに結実する可能性は低くなってしまいます。

人間ですから「自分の子が可愛い」という心理が生じるのはもっともですが、外部との結合があってこそさらに自分の子が輝くという発想に転換するのは容易ではないのです。

　外部の技術を適切に評価しきれないという問題もあります。科学的な論文などで明確にその価値がわかるような技術はまだましなのですが、生産技術など「阿吽の呼吸」「技能」が絡むような場合、その価値や、それを導入する難しさを適切に評価することは難しくなります。

　また、新製品は技術のみで生まれるものではなく、マーケティングとの連携なども必要ですが、そうした部分まで含めた評価（技術のみならず、企業の評価なども必要になる場合が多い）は容易ではありません。その結果、本来コストダウンにつながるはずのオープンイノベーションがむしろコスト増につながってしまうのです。

　より大きな問題は、往々にしてオープンイノベーションは競争力の低下を招きかねないということです。

　よくあるのは、社内の R&D 力の低下です。社内で苦労して技術開発を行うよりも、外からお金を出して買ってきた方が早いとなれば、R&D 部門の人間の士気も落ちるでしょうし、スキルも下がる可能性が高まります。事実、先述したP&G ですら、この問題に直面したとされています。バランスは難しいですが、競争力や成長の核となる、強くて市場性のある技術などはやはり自社でしっかり取り組む必要があるでしょう。

248

冒頭の事例で示した技術流出という問題もあります。外部と協業したのはいいものの、ノウハウを吸収されたダメージの方が大きいというのは実際によく聞く話です。

中には最初からそれを目的に協業を持ちかけてくる、抜け目のない企業もあります（日本企業から見た場合、新興国の企業にそうした例が多いようです）。そうした場合、リスクはある程度感じられるものなのですが、魅力的な案件だと、リスクを感じつつも断りづらいものです。そうして結果として利敵行為となり、自社の競争力を下げてしまうのです。

オープンイノベーションは、「**自社の開発力を削ぎ、ノウハウ流出を加速するイノベーション手法**」などと揶揄されることもあります。メリットをデメリットより大きくするのは簡単ではないのです。

HINT

ダークサイドに墜ちないためのヒント

①自社の技術ポートフォリオの評価を適切に行うとともに、戦略上何が必要かをしっかり議論する

②研究開発部門のモチベーションを意識した評価制度などを同時に策定する

③技術が流出するリスクを適切に見きわめる

Chapter5 創造・変革のダークサイド

Successful Experience

Case

54 組織学習が暴走すると
硬直化を招く

成功体験

文字通り何かがうまくいった体験。それを社内に横展開していくと効率よく品
質の標準化や成長が図れる

失敗例

長年この事業をやって来て、事業で成功するコツは把握している。にもかかわ
らず、最近は横展開の効果を感じられなくなっている。何が問題なのだろうか?

　　ビジネスにおいては、「組織として学ぶ」という**組織学習**
が非常に重要になります。学ぶ対象は多々ありますが、自社
の成功パターンを分析・言語化し、それを横展開していくと
いうやり方は非常に有効な方法論です。

　　それを極めているのが日本ではトヨタ自動車でしょう。同
社では、誰もが積極的にカイゼン提案することが推奨されて
おり、その数は数十万件に上るとされます。そして実際に効
果のあった発見やアイデアはすぐに全社に横展開されていき
ます（特に製造部門）。これが積もり積もった結果、数兆円

もの利益を叩き出せるのです。

　グロービスでも、たとえばスクール事業を仙台や福岡といった拠点に出す場合、過去に培ったノウハウを事業担当者にまず東京校で学んでもらい、それを横展開していきます。また、過去の拠点展開（大阪、名古屋）における経験も踏まえ、1年目に典型的に遭遇する課題、2年目の課題、3年目の課題なども共有され、相談すればヒントが得られるようになっています。

　このように本来は役に立つ成功体験ですが、それが企業にとって仇になることもあります。単に「成功体験に学べ」と言えばいいわけではありません。

　よくあるのは、成功体験に固執し過ぎてしまい、適切な応用ができないというケースです。当然のことですが、成功体験から得られた成功のためのエッセンスはどこでも等しく使えるというものではありません。
　たとえば海外展開をするにあたり、アメリカで成功した方法論がそのままアジアでも使えるわけではありません。アジアの中ですら、中国でのビジネスのやり方とベトナムでのビジネスのやり方は変えるべきでしょう。使えるものは使い、変えるべきものは変えるというのが本来の姿なのですが、分かっていても、なかなかそれが難しいのです。

　より重大な落とし穴は、成功体験への過度なこだわりです。

経営環境はどんどん変わっていきますから、上記の話同様、そのまま通用するものは残し、変えるべきものは変えるというのが本来のあるべき姿です。

しかし、成功の規模が大きく、かつ長きにわたるほど、その成功体験は単なるノウハウを超えて、組織文化の一部にまでなっていきます。組織文化とは、個々の構成員の価値観が行動規範や判断規範として形成・定着したもので、組織の中で共有化されているものです。つまり、「こういう場面ではこのように行動するのが当たり前」と皆が感じるようにまでなってしまうのです。

よく組織変革は難しいといわれますが、**組織変革とは端的に言えば戦略の変更のみならず、組織文化を変えること**でもあります。そしてそちらの方が難易度は高いです。つまり、いったん深く根付いた成功体験は組織文化の域にまで達し、それを変えるのには莫大なエネルギーを要するようになるのです。

そうしたことが生じる理由の1つに、成功をより鮮烈に経験したのは年齢的にシニアあるいはその組織での勤続年数が長い社員であるということがあります。通常、そうした人々は慣れたやり方を好んで変えません。新しいことを学ぶのは億劫ですし、未知のフィールドを探索するよりも、既存のフィールドを深化する方が楽です。また、しばしば変化は自らの権威や影響力を手放すことにもつながるからです。

そこで彼らがどんな行動をとりがちかというと、単に変化

を受け入れないだけではなく、過去の成功体験を自分が変わらないことの理由にしてしまうのです。言い換えると、成功体験とは自己正当化に使われやすいエピソードともいえるわけです。

成功に学んだり、それを矜持にすることは大事なことですが、それにも程度があるのです。

HINT

ダークサイドに墜ちないためのヒント

① 成功した理由を表層のみ考えるのではなく、その時の経営環境などを踏まえ、本質的な部分を深く洞察する

② 「変化常態」の組織文化を同時に埋め込んでおく

Chapter5 創造・変革のダークサイド

Case

55
ゴールとするか、
さらなる成長へのマイルストーンとするか

株式公開（IPO）

株式を証券取引所に上場すること。これにより企業はあらゆる人々に株式を買う（株主になる）権利を与えることになる。創業者を始めとする特定の人々の企業から、より公的意味合いを帯びた企業になることをも意味する

失敗例

起業時に投資をしてくれたエンジェル投資家に勧められて予定よりも早く株式公開をした。確かにお金は入ってきて、元からいる社員などは喜んだが、一方で、気苦労ばかり増えた気もする。本当にこんなに早くIPOすることがよかったのだろうか？

　　ベンチャー起業家であれば、多かれ少なかれ、誰しも株式公開を夢見るでしょう。それにより、自分の保有している株式の価値が上がり、一気に億万長者となれるからです。富豪ランキングを見ても、世界レベルでも国内レベルでも上位は起業家が占めています。

　　企業にもお金が入ってきますので、さらなる成長のための投資もできます。また、株式公開企業は一般に信用力が高まりますから、採用や取引先との商談、銀行からの借り入れなどでもより有利になることも期待されます。

一方で、筆者も会ったことがありますが、「株式公開はしない方がよかった」という方もいます。誰もが夢見る株式公開を悔やむ理由とは何でしょうか？

１つは、自分の思い通りに会社を動かせなくなることです。もちろん、非公開企業であっても取締役会はありますから、その意向を無視した経営はできません。

しかし多くのベンチャー企業の創業者は通常大株主であり、過半数の株式を持っていることもあります。また、過半数に至らないまでも、実質的に取締役会の意思決定を左右できるケースがかなりの比率に上ります。端的に言えば「株主を気にせずやりたいことをできる」という状況です。

一方、株式を公開してしまえば、相変わらず筆頭株主であったとしても、その持ち分の比率は減り、創業者の一存で物事を決められなくなるシーンが急増します。また、海外の投資ファンドに代表される「もの言う株主」が登場するケースもあります。彼らに対してしっかり説明責任を果たすこと、場合によっては言い分を飲まざるを得ないことは、非常につらいことです。

買収（場合によっては敵対的買収）の対象にされるという可能性も生じます。株式公開をして富を得たのはいいけれど、自由度が減ることを嫌う人は多いのです（ちなみに、我々グロービスも形式要件的にはすぐに上場できるだけの売上げや利益はありますが、あえて上場しないという道を選んでいます。大企業でも竹中工務店やYKKのようにあえて上場していない企業もあります）。

株式公開のタイミングを誤って悔いを残すというケースも
あります。株式公開のためには、証券会社へのフィーなど少
なからぬ費用がかかりますし、社外に説明責任を果たす必要
がありますから、社内の経営管理の仕組みの強化も必要です
（経理部門など）。それを人任せにするのは難しいですから、
通常は経営者や経営陣のエネルギーが割かれることになりま
す。競争環境などが緩やかならまだいいのですが、経営者の
マインドシェアやエネルギーをタイミング悪く取られてしま
うと、市場での地位を損ねてしまいかねないのです。

　最も怖いのはキーパーソンのモチベーションの低下やそれ
に伴う離脱かもしれません。よく聞くのは、多くの株式を保
有していたキーメンバーが億万長者になって辞めてしまう
ケースです。日本では上場後すぐに辞めるというケースは少
ないかもしれませんが、ちょっと創業者と意見の衝突があっ
たりすると、食うには困りませんから、比較的その組織を離
れやすくなるのです。
　また、もともとベンチャー企業の初期に入るような従業員
は彼／彼女自身が独立心旺盛だったり、起業家精神にあふれ
ていることも多いので、シリアルアントレプレナーとして自
らベンチャー企業を立ち上げたり、独立することも多いので
す。

　経営者自身のモチベーションの低下もあります。上場は本
来、さらなる成長へのマイルストーンであるべきなのですが、
多くの起業家にとってはそれがゴールと化すことが少なくあ

りません。そのゴールにたどり着いた結果、内発的な動機が弱まり、本業に身が入らなくなってしまうのです。

よく「大学合格時が人生のピークだったという東大生」などが話題になりますが、同じような状況が起業家にも起きるわけです。

実際、時価総額（株価×株式数）がIPO直後に最大であったという企業は少なくありません（特に日本においてはそうです）。エンジェル投資家などはやはり投資先企業に株式公開してほしいでしょうが、それは絶対的に正しい方向性とは限らないのです。

HINT

ダークサイドに墜ちないためのヒント

①金銭的動機に勝る志を持ち共有する（共有できる人材を採用する）

②資金調達等の必要性がないなら、あえて株式公開を見送る勇気を持つ

キーワード一覧

[A-Z]

ABC ································ 162

B/S ································ 142

CFO ································ 217

CS ································· 114

GAFA ····················· 135, 242

GEスクリーン ·················· 69

GIVE&TAKE ·················· 200

IFRS ······························ 150

IoT ······························· 134

IPO ······························· 254

KPI ······························· 188

KSF ································ 23

MBO ······························ 192

MECE ····························· 26

MVP ······························ 239

NIH症候群 ····················· 247

NPS ······························ 116

NPV ······························ 179

P/L ······························· 150

PDCA ····························· 188

PMI ································ 108

RBV ································ 84

SFA ································ 80

SWOT分析 ····················· 66

VUCA ····························· 157

Win-Win ·························· 52

[ア行]

アベイラビリティ ·············· 156

アメーバ経営 ··················· 167

アライアンス ··················· 107

アンカリング ···················· 38

アンゾフの事業拡大マトリクス

································· 90

イノベーションのジレンマ

································ 111

インクルージョン ·············· 229

ウェブマーケティング ········· 130

エビデンス ······················ 30

オープンイノベーション ······· 246

[カ行]

会計方針 ························· 146

活動基準原価計算 ············· 162

株式公開 ························· 254

監査法人 ························· 147

管理会計 ························· 166

規模の経済性 ···················· 72

キャッシュフロー ·············· 174

キャリアアップ ················· 232

業界定義 ……………………… 62

クリエイティブ・シンキング…… 14

ケイパビリティ ………………… 82

限界利益率 ……………… 157, 158

原則主義 ………………………… 151

コアコンピタンス ……………… 82

コーポレイト部門 ……… 75, 216

顧客満足 ………………………… 114

国際財務報告基準 ……………… 150

固定費 …………………………… 154

コネクト・アンド・

　デベロップメント …………… 247

[サ行]

細則主義 ………………………… 151

最適資本構成 …………………… 143

最頻値 …………………………… 45

サイロ化 ………………………… 214

差別化 …………………………… 86

三方良し ………………………… 54

事業部制 ………………………… 212

事業ポートフォリオ …………… 92

質問 ……………………………… 34

シナジー ………………………… 98

借金 ……………………………… 140

社内持ち株会 …………………… 226

純資産 …………………………… 142

昇進・昇格 ……………………… 220

正味現在価値法 ………………… 179

ストックオプション …………… 226

成果主義 ………………………… 224

成功体験 ………………………… 250

成功の復讐 ……………………… 104

生産性 …………………………… 196

制約理論 ………………………… 161

選択と集中 ……………………… 102

組織学習 ………………………… 250

損益計算書 ……………………… 150

ゾンビ事業 ……………………… 198

[タ行]

貸借対照表 ……………………… 142

ダイバーシティ ………………… 228

多角化 …………………………… 90

タコツボ化 ……………………… 214

中央値 …………………………… 45

定額法 …………………………… 147

提携 ……………………………… 107

定率法 …………………………… 147

デューデリジェンス …………… 108

ドア・イン・ザ・フェイス・

　テクニック …………………… 202

飛び地 …………………………… 92

トラックレコード ……………… 32

[ナ行]

ニーズ …………………………… 110

二等地戦略 ……………………… 83

入手可能性 ……………… 157

ネットプロモータースコア

……………… 116

ネットワークの経済性

……………… 72, 243

ノックアウトファクター ……… 50

[ハ行]

パーセプション ……………… 120

バイアス ……………… 33

買収 ……………… 106

バリューチェーン分析 ……… 78

範囲の経済性 ……………… 72, 96

ビジョン ……………… 58

ビッグデータ ……………… 134

ピボット ……………… 60, 238

ファーストトラック ……… 94

ファクト ……………… 30

負債 ……………… 142

プライベート・エクイティ 32

プラットフォーム ……………… 242

フランチャイズ方式 ……… 126

ブランド ……………… 122

ブルー・オーシャン戦略 …… 88

プロフィットセンター ……… 166

分析 ……………… 22

平均値 ……………… 40

変動費 ……………… 154

返報性 ……………… 201

包括利益 ……………… 150

ポジショニング ……………… 118

[マ行]

マズローの欲求5段階説 …… 205

マネジメント ……………… 184

ムーアの法則 ……………… 31

無知のヴェール ……………… 105

目標管理 ……………… 192

モチベーション ……………… 204

問題解決 ……………… 16

[ヤ行]

やりがい搾取 ……………… 206

[ラ行]

ランキング ……………… 46

リアルオプション ……………… 178

リーダーシップ ……………… 208

リーンスタートアップ ……… 238

リスク ……………… 170

リソース・ベースド・ビュー …… 84

リテラシー ……………… 33

レガシーコスト ……………… 74

レファレンス ……………… 29

ロジカル・シンキング ……… 12

論理思考 ……………… 12

参考文献

[全般]

『MBA 100 の基本』（グロービス著、 東洋経済新報社）

『MBA 生産性をあげる 100 の基本』（グロービス著、 東洋経済新報社）

『MBA 問題解決 100 の基本』（グロービス著、 東洋経済新報社）

『グロービス MBA マネジメント・ブックⅡ』（グロービス経営大学院編著、 ダイヤモンド社）

『グロービス MBA キーワード　図解 基本ビジネス思考法 45』（グロービス著、 ダイヤモンド社）

『グロービス MBA キーワード　図解 ビジネスの基礎知識 50』（グロービス著、 ダイヤモンド社）

『グロービス MBA キーワード　図解 基本フレームワーク 50』（グロービス著、 ダイヤモンド社）

[Chapter1]

『ビジネスで騙されないための論理思考』（グロービス著、 PHP 研究所）

『[改訂 3 版] グロービス MBA クリティカル・シンキング』（グロービス経営大学院著、 ダイヤモンド社）

『定量分析の教科書――ビジネス数字力養成講座』（グロービス著、 東洋経済新報社）

『ファスト＆スロー（上・下）あなたの意思はどのように決まるか？』（ダニエル・カーネマン著、 村井章子訳、 友野典男解説、 早川書房）

『ハーバード流交渉術　必ず「望む結果」を引き出せる!』（ロジャー・フィッシャー、 ウィリアム・ユーリー著、 岩瀬大輔訳、 三笠書房）

[Chapter2]

『[新版] グロービス MBA 経営戦略』（グロービス経営大学院編著、ダイヤモンド社）

『[改訂 4 版] グロービス MBA マーケティング』（グロービス経営大学院編著、 ダイヤモンド社）

「マーケティング近視眼」（セオドア・レビット 『DIAMOND ハーバード・ビジネス・レビュー』2001 年 11 月号）

「数字が語るこの市場の深層【カラオケ市場】」http://j-net21.smrj.go.jp/establish/columninterview/column/gyokai/20130207.html

"Intel Labs(A):Photolithography Strategy in Crisis" Harvard Business School case

『企業戦略論（上）基本編』『企業戦略論（中）事業戦略編』『企業戦略論（下）全社戦略編』（ジェイ・B・バーニー著、 岡田正大訳、 ダイヤモンド社）

"Divestiture: Strategy's Missing Link"（Tim Koller et al, *Harvard Business Review*, May 2002）

『企業戦略白書Ⅱ』（伊丹敬之著、 一橋戦略ワークショップ著、 東洋経済新報社）

『法人営業　利益の法則』（グロービス著、 ダイヤモンド社）

『イノベーションのジレンマ ［増補改訂版］』（クレイトン・クリステンセン著、 玉田俊平太監修、 伊豆原弓訳、 翔泳社）

"Procter & Gamble"Harvard Business School case

「焦点：アマゾンがAI採用打ち切り、 『女性差別』 の欠陥露呈で」（REUTERS、 2018 年 10 月 11 日）

[Chapter3]

『［改訂 3 版］ グロービス MBA アカウンティング』（西山茂監修、 グロービス経営大学院編著、 ダイヤモンド社）

『［新版］ グロービス MBA ファイナンス』（グロービス経営大学院編著、 ダイヤモンド社）

「IFRS と日本基準の違い（基本的な考え方の相違）」（そうせい監査法人）

「IFRS 導入（解説編）」（双日）https://www.sojitz.com/jp/ir/individual/ifrs/kaisetsu.php

『ザ・ゴール —— 企業の究極の目的とは何か』（エリヤフ・ゴールドラット著、 三木本亮訳、 稲垣公夫解説、 ダイヤモンド社）

"Time-Driven Activity-Based Costing"（Robert S. Kaplan, Steven R. Anderson, *Harvard Business Review*, November 2004）

"EMC2：Delivering Customer Centricity"Harvard Business School case

[Chapter4]

『[新版] グロービス MBA リーダーシップ』（グロービス経営大学院編著、 ダイヤモンド社）

『グロービス MBA 組織と人材マネジメント』（グロービス経営大学院著、 ダイヤモンド社）

『マネジメント [エッセンシャル版] ──基本と原則』（ピーター・F・ドラッカー著、 ダイヤモンド社）

『小倉昌男　経営学』（小倉昌男著、 日経 BP 社）

『影響力の武器 [第三版] ──なぜ、人は動かされるのか』（ロバート・B・チャルディーニ著、 社会行動研究会訳、 誠信書房）

『組織行動のマネジメント──入門から実践へ』（スティーブン・P・ロビンス著、 高木晴夫訳、 ダイヤモンド社）

『[新版] 動機づける力──モチベーションの理論と実践』（DIAMOND ハーバード・ビジネス・レビュー編集部編訳、 ダイヤモンド社）

"The Hidden Advantages of Quiet Bosses"（Adam Grant, Francesca Gino, David A. Hofmann, Harvard Business Review Webinar, December 2010）

『サイロ・エフェクト──高度専門化社会の罠』（ジリアン・テット著、 土方奈美訳、 文藝春秋）

『ダイバーシティ・マネジメント入門──経営戦略としての多様性』（尾﨑俊哉著、 ナカニシヤ出版）

『働き方改革　個を活かすマネジメント』（大久保幸夫、 皆月みゆき著、 日本経済新聞出版社）

『グロービス流　キャリアをつくる技術と戦略』（グロービス経営大学院著、 東洋経済新報社）

[Chapter5]

『リーンスタートアップ』（エリック・リース著、 井口耕二訳、 伊藤穰一解説、 日経 BP）

" 'The Lean Startup' is an unproductive legend"（Luis Perez-Breva, QUARTZatWORK, August 6, 2018）

『プラットフォーム・レボリューション PLATFORM REVOLUTION──未知の巨大な
　ライバルとの競争に勝つために』（ジェフリー・G・パーカー、 マーシャル・W・ヴァ
　ン・アルスタイン、 サンジート・ポール・チョーダリー著、 妹尾堅一郎監訳、 渡
　部典子訳、 ダイヤモンド社）

『プラットフォーム革命──経済を支配するビジネスモデルはどう機能し、 どう作ら
　れるのか』（アレックス・モザド、 ニコラス・L・ジョンソン著、 藤原朝子訳、 英
　治出版）

『オープンイノベーション──組織を越えたネットワークが成長を加速する』（ヘン
　リー・チェスブロウ、 ウィム・ヴァンハーベク、 ジョエル・ウェスト著、 PRTM監訳、
　長尾高弘訳、 英治出版）

「オープンイノベーションと価値協創」（一般社団法人研究産業・産業技術振興協
　会、 平成 27 年度報告書）

『両利きの経営』（チャールズ・A・オライリー、 マイケル・L・タッシュマン著、 入
　山章栄監訳・解説、 冨山和彦解説、 渡部典子訳、 東洋経済新報社）

著者紹介

グロービス

1992 年の設立以来、「経営に関する『ヒト』『カネ』『チエ』の生態系を創り、社会の創造と変革を行う」ことをビジョンに掲げ、各種事業を展開している。

グロービスには以下の事業がある。（https://www.globis.co.jp）
● グロービス経営大学院
　・日本語（東京、大阪、名古屋、仙台、福岡、オンライン）
　・英語（東京、オンライン）
● グロービス・マネジメント・スクール
● グロービス・コーポレート・エデュケーション
　（法人向け人材育成サービス／日本・上海・シンガポール・タイ）
● グロービス・キャピタル・パートナーズ（ベンチャーキャピタル事業）
● グロービス出版（出版／電子出版事業）
● GLOBIS 知見録（オウンドメディア、スマホアプリ）

その他の事業：
● 一般社団法人 G1（カンファレンス運営）
● 一般財団法人 KIBOW（震災復興支援活動、社会的インパクト投資）
● 株式会社茨城ロボッツ・スポーツエンターテインメント（プロバスケットボールチーム運営）

執筆者紹介

嶋田　毅（しまだ・つよし）

グロービス出版局長、グロービス経営大学院教授。

東京大学理学部卒業、同大学院理学系研究科修士課程修了。戦略系コンサルティングファーム、外資系メーカーを経てグロービスに入社。著書に『MBA 100の基本』『MBA 問題解決100の基本』『利益思考』（東洋経済新報社）、『グロービスMBA キーワード 図解 基本ビジネス思考法45』『グロービスMBA キーワード 図解 基本ビジネス分析ツール50』（ダイヤモンド社）、『テクノベートMBA 基本キーワード70』『ビジネスで騙されないための論理思考』『［実況］ロジカルシンキング教室』（PHP研究所）、『ロジカルシンキングの落とし穴』（グロービス電子出版）他、多数の共著書、共訳書がある。

シリーズ20万部突破!
東洋経済新報社の「MBA100の基本」シリーズ

第1弾

『MBA100の基本』

グロービス=著
嶋田毅=執筆
定価(本体1500円+税)

ビジネススクールの2年間で学ぶ
MBAのエッセンスが、
「1フレーズ」ですっきりわかる!

第2弾

**『MBA生産性をあげる
100の基本』**

第3弾

**『MBA問題解決
100の基本』**

ダークサイドオブMBAコンセプト

2019 年 10 月 31 日発行

著　者──グロービス

執筆者──嶋田　毅

発行者──駒橋憲一

発行所──東洋経済新報社

〒103-8345　東京都中央区日本橋本石町 1-2-1

電話＝東洋経済コールセンター　03(5605)7021

https://toyokeizai.net/

装　丁………………遠藤陽一（ワークショップジン）

本文デザイン・DTP……高橋明香（おかっぱ製作所）

印　刷………………東港出版印刷

製　本………………積信堂

編集担当……………齋藤宏軌

©2019 Graduate School of Management,GLOBIS University　Printed in Japan　ISBN 978-4-492-55793-8

　本書のコピー、スキャン、デジタル化等の無断複製は、著作権法上での例外である私的利用を除き禁じられています。本書を代行業者等の第三者に依頼してコピー、スキャンやデジタル化することは、たとえ個人や家庭内での利用であっても一切認められておりません。

　落丁・乱丁本はお取替えいたします。